DOMINANDOA GUITARRAFUNK

O Guia Completo para Tocar Guitarra Funk

JOSEPHALEXANDER

FUNDAMENTALCHANGES

Dominando a Guitarra Funk

O Guia Completo para Tocar Guitarra Funk

Publicado por **www.fundamental-changes.com**

ISBN: 978-1910403464

Conteúdo

Introdução

Os primórdios do funk estão nas músicas de James Brown, que foram conduzidas pela bateria de Clyde Stubblefield, cujo estilo rítmico único, por sua vez, veio do *swing* de Nova Orleãs. O som popular da bateria de Nova Orleãs evoluiu através das músicas de James Brown e ajudou a definir a música disco, o soul e os derivados do funk dos anos 60 e 70.

O funk encapsula o som do Sly & The Family Stone, George Clinton e Isley Brothers, que evoluíram para o disco-soul do Chic, Tower of Power e Earth, Wind and Fire.

O funk teve uma ressurreição dramática nos anos 80 e 90 através da música de Red Hot Chili Peppers, Zapp e Extreme, e chegou ao novo milênio com bandas como Jamiroquai, Maroon 5 e Daft Punk. A abordagem do funk - um estilo rítmico e baseado em *grooves* - tem sido presença constante na música pop, rock, dance e fusion dos tempos modernos.

Da perspectiva de um guitarrista, o funk abrange uma grande variedade de abordagens e disciplinas musicais. A exigência técnica mais importante dessas abordagens é dominar a execução de semicolcheias (1/16), tanto como riffs de notas únicas, colocação de acordes específicos ou "arranhões" em cordas abafadas.

Apesar de o funk ser harmonicamente denso, como nos gigantes arranjos de metais do Earth, Wind and Fire, em muitos casos a guitarra serve apenas para adicionar interesse rítmico e momento à música. Pode parecer simples à primeira vista, mas a verdade é que essas partes de guitarra podem ser extremamente intrincadas e devem ser tocadas com precisão e consistência por longos períodos de tempo.

Apesar de a harmonia do funk ser densa (acordes estendidos como "9s" e "13s" são usados frequentemente), as progressões de acordes geralmente não mudam muito. Não é incomum se pegar tocando um único acorde por um longo período de tempo. É a colocação dessas n otas que pode fazer uma parte de guitarra funk funcionar ou quebrar.

Você irá perceber, em determinados momentos, que a colocação de uma nota não ocorre exatamente onde você quer; as palhetadas, muitas vezes, podem ocorrer uma semicolcheia antes ou depois de onde você pensar. Essas pequenas idiossincrasias rítmicas são essenciais para o groove da música, e sempre funcionam de forma intrincada com a linha de baixo e os padrões de hi-hat da bateria para criar um feeling rítmico muito maior do que a soma de suas partes.

Compositores de grandes sucessos do funk e da disco music, como Nile Rodgers, falaram um pouco sobre uma abordagem colaborativa na composição de músicas funk. Nile disse que ele era frequentemente perguntado, após fazer uma pequena jam com Bernard Edwards: *"O.K., essa é a sua parte?"*

O que Bernard queria dizer era, *"Esse é o riff final que você vai usar?"* Assim que o riff de guitarra era definido, as partes de baixo e bateria eram construídas ao seu redor, e o groove era criado. Na próxima vez em que eles se juntavam para tocar aquela canção, a parte de guitarra tinha de ser idêntica à que eles combinaram.

No funk sempre há espaço para improvisações conforme a música progride. Entretanto, a colocação e o groove devem ser os mesmos, noite após noite. De outra forma, a banda estaria simplesmente tocando uma música diferente.

Construir as habilidades técnicas necessárias para dominar esse tipo de consistência pode ser desafiador. Leva tempo para desenvolver controle suficiente para colocar uma única e singela semicolcheia exatamente onde ela deve estar dentro de um compasso. Também é necessário construir um conhecimento de acordes para criar partes de guitarra de sonoridade autêntica.

A maioria dos acordes de funk são tríades de três notas, ou pequenos fragmentos de acordes mais complexos. Esses fragmentos são tocados com a mesma precisão e colocação de riff de semicolcheias únicas.

Este livro aborda as técnicas necessárias para ser um grande guitarrista de funk, em seus mínimos componentes possíveis. Você desenvolverá excelente competência rítmica e grande controle no posicionamento de notas específicas. Você também dominará sequências de acordes e abordagens específicas do gênero.

Cada importante nuance da guitarra rítmica de funk será discutida. Isso inclui *timing*, acordes deslizantes, extensões, *hammer-ons* e *pull-offs*, cordas abafadas e descansos. Essas habilidades lhe ajudarão não apenas a dominar a sua guitarra rítmica em *qualquer* gênero musical, mas também lhe ajudará a dominar uma das partes mais importantes da guitarra funk: articulação.

Você também explorará a abordagem de um guitarrista funk em relação às vozes de acordes, para combiná-las com double-stops e linhas de notas únicas e várias outras técnicas para criar partes de funk legítimas.

Fraseado rítmico é particularmente importante. O modo como qualquer riff ou frase é articulado tem um impacto grande no groove da canção. Transformar uma nota palhetada em um hammer-on pode ter efeitos sutis e extensos sobre o groove.

O objetivo deste livro é dividir, ensinar e dar conselhos sobre os elementos específicos que são combinados para criar partes de guitarra funk vivas e autênticas. Nós construiremos esses elementos a partir do zero, para ajudá-lo a internalizar e sentir cada habilidade essencial. Aprendendo e escrevendo através dos exemplos, você rapidamente começará a sentir e construir as suas próprias partes de guitarra funk.

A primeira parte deste livro foca exclusivamente no ritmo. O primeiro objetivo de qualquer guitarrista de funk é desenvolver a habilidade de frasear e articular ritmos em semicolcheias com perfeição. Neste livro, a jornada para alcançar a precisão nas semicolcheias é dividida em várias progressões pequenas e lógicas. Cada combinação possível de semicolcheia será abordada.

Você observará que o estudo da guitarra rítmica pode ser dividido em duas áreas principais:

1) Reconhecimento do ritmo e desempenho.

Trabalhando de uma forma metódica, você rapidamente desenvolverá a técnica e a energia necessárias para executar qualquer padrão rítmico em semicolcheia. Desenvolver as habilidades para reconhecer e articular qualquer ritmo na guitarra permitirá que você emule o estilo e sentimento dos músicos que você escutar, além de criar as suas próprias partes.

2) Vocabulário

Ao estudar o ritmo de forma tão detalhada, você praticará ritmos que, provavelmente, jamais teria pensado (ou tocado) sozinho. Isso já servirá para aumentar drasticamente a sua criatividade. Conforme nós incorporamos novas palavras à nossa linguagem ao estudar o trabalho alheio, você perceberá a mesma coisa acontecendo com a sua técnica conforme você domina o vocabulário rítmico deste livro.

Como sempre, a coisa mais importante que você pode fazer é ouvir profundamente o tipo de música que você deseja tocar. Infelizmente, isso é algo que eu não posso fazer por você. Cada exercício deste livro possui uma faixa de áudio que você pode baixar de **www.fundamental-changes.com**.

Ouvir como os exercícios deste livro soam definitivamente lhe ajudará a progredir de forma mais rápida, mas você precisa ir além, e mergulhar na música funk tanto quanto seja possível.

No final deste livro há uma lista de obras essenciais para você escutar.

Para praticar as ideias deste livro, eu sugiro fortemente que você use uma combinação de metrônomo, as faixas de apoio inclusas, e qualquer outra coisa que você consiga no YouTube.

Se tiver sorte, você conhecerá um baterista e um baixista que terão prazer em fazer uma jam de funk com você durante horas. Tocar com músicos reais é um jeito garantido de melhorar rapidamente. Grave suas sessões, esteja você tocando com músicos ou apenas com um click. Aguarde 24 horas antes de assistir aos seus vídeos e seja analítico, mas não crítico, da sua execução.

Pergunte-se: você está dentro do tempo? Está atrasando ou acelerando a batida? Sua execução está alinhada ao groove da faixa?

Este livro é organizado em duas partes bem distintas. A primeira se concentra apenas no ritmo. A maioria dos exercícios usa palhetadas abafadas ou notas únicas para que você desenvolva as habilidades rítmicas necessárias para tocar uma guitarra funk precisa. Há poucos acordes nessa seção, mas isso é deliberado, pois permite que você se concentre exclusivamente no desenvolvimento rítmico.

Precisão rítmica e sentimento são as fundações mais importantes de um bom guitarrista funk. Assim, ao remover a distração dos acordes e riffs, você poderá trabalhar de um jeito bastante concentrado. O lado bom desse trabalho intensivo de ritmo é que se torna extremamente simples adicionar acordes e melodias à sua execução, sempre que você se sentir pronto. A qualquer momento, sinta-se livre para adicionar alguns acordes ou notas aos ritmos da Parte Um, e você rapidamente descobrirá que já está tocando ótimas linhas de funk.

A segunda parte deste livro foca profundamente nos acordes, riffs, melodias e ideias que você deveria se concentrar para adicionar cor e música aos seus ritmos. Nessa seção, você aprenderá a usar as vozes apropriadas de acordes, escalas e técnicas de funk para dar vida à sua música. Se você fez o trabalho correto na Parte Um, você rapidamente poderá construir um verdadeiro arsenal de links de funk descoladas, impressionantes e autênticas, usando as ideias da Parte Dois.

No Capítulo 12 há algumas dicas para a hora de praticar, para que você possa tirar o máximo proveito do seu tempo de prática e se tornar tão preciso e funkeado quanto possível.

Como sempre, a coisa mais importante é se divertir. Sorria enquanto toca. Faz uma grande diferença.

Joseph

Áudio disponível em **http://www.fundamental-changes.com/audio-downloads**

Obtenha os Áudios

Os arquivos de áudio para este livro estão disponíveis gratuitamente em **www.fundamental-changes.com**; o link está no canto superior direito. Basta selecionar o título deste livro no menu suspenso e seguir as instruções para obter os áudios.

Nós recomendamos que você baixe os arquivos diretamente para o seu computador, e não para o seu tablet, e os extrai no PC ou notebook antes de adicioná-los à sua biblioteca de mídia. Assim você poderá colocá-los no seu tablet, iPod ou gravá-los em um CD. Na página de download há um arquivo PDF de ajuda, e nós também oferecemos suporte técnico pelo formulário de contato.

Kindle / eReaders

Para tirar o máximo proveito deste livro, lembre-se de que você pode dar dois cliques em qualquer imagem para aumentá-la. Desabilite a "visualização por colunas" e segure o seu Kindle no modo paisagem.

Para mais de 350 Lições Gratuitas de Guitarra com Vídeos, acesse:

www.fundamental-changes.com

FB: **FundamentalChangesInGuitar**

Instagram: **FundamentalChanges**

Parte Um: Ritmo

Capítulo 1: Introduzindo Ritmos em Semicolcheias

Os blocos fundamentais da guitarra funk rítmica estão nos padrões de palhetada em semicolcheias. É essencial desenvolver compreensão e controle sobre como esses padrões funcionam para produzir linhas de guitarra autênticas e bem acertadas.

Os exercícios neste capítulo começam de uma forma bastante direta, mas você rapidamente aprenderá como eles podem se tornar extremamente sutis, musicais e complexos.

Os exercícios começam examinando como partir do zero e construir ritmos de semicolcheia precisos e grooveados na guitarra.

Semicolcheias (1/16) dividem um compasso musical em dezesseis partes iguais. Em um compasso com quatro batidas, cada batida tem quatro divisões.

Antes de tocar semicolcheias, nós iremos trabalhar as subdivisões menores de modo que possamos internalizar o sentimento, a precisão, a técnica e o posicionamento de cada nível rítmico sucessivo.

Os primeiros exemplos deste capítulo demonstram como nós podemos dividir um compasso tocando uma batida abafada por tempo - depois duas e, por fim, quatro.

No exemplo a seguir, preste atenção às direções de palhetada escritas sob cada nota. Construir consistência com a mão da palhetada é extremamente importante, pois nos permite manter com precisão o tempo, exatamente onde estejamos no compasso.

Abafe as cordas da guitarra com a mão do braço da guitarra para criar um som abafado. Isso pode ser feito repousando levemente os dedos da mão da guitarra sobre todas as seis cordas, para abafar o som.

Evite pressionar as cordas com muita força, ou você permitirá que algumas notas soem. Além disso, tome cuidado para não criar *harmônicos*, que podem aparecer se você pressionar as casas 5 e 7 leve demais.

O seu objetivo é criar um som abafado, mudo, morto, para que você possa ouvir onde cada palhetada está caindo.

Ouça o example 1a antes de tocar junto com a gravação.

Exercício 1a:

Toque o example 1a com o metrônomo em 60 bpm. Os pequenos círculos acima de cada palhetada representam o clique do metrônomo. Certifique-se de que cada palhetada para baixo está perfeitamente sincronizada com o clique do metrônomo. Isso pode ser bastante difícil no começo!

A seguir, divida cada palhetada para baixo (semínima, ou '1/4') em duas, criando, assim, colcheias (1/8). Isso é feito adicionando uma palhetada para cima entre cada palhetada para baixo. Mais uma vez, os pequenos círculos representam o clique do metrônomo, e cada palhetada para baixo deve estar perfeitamente sintonizada com o clique. A palhetada para cima deve ser colocada exatamente no meio do caminho entre cada palhetada para baixo.

Exercício 1b:

Tente o exercício 1b em diferentes velocidades. Comece a 60 bpm e trabalhe até chegar a 120 bpm. Aumente a velocidade do seu metrônomo em incrementos de 8 bpm. A chave é *escutar* bem o posicionamento da sua palhetada para baixo. Ela sempre deve estar perfeitamente sincronizada com o clique do metrônomo.

Agora tente reduzir a velocidade do metrônomo para 40 bpm, ou ainda mais lento. Tocar com precisão em um tempo devagar pode ser mais desafiador do que fazê-lo em tempos mais rápidos, porque nós precisamos dividir mentalmente uma porção extensa de tempo.

Por fim, prossiga tocando o compasso em divisões de semicolcheias (1/16), ou seja, quatro palhetadas a cada clique do metrônomo. Comece com o metrônomo a 60 bpm, mas dessa vez se concentre em colocar a *primeira* de cada quatro palhetadas dentro do clique. Você toca uma sequência de *baixo-cima-baixo-cima* a cada clique do metrônomo.

Tente acentuar a primeira de cada quatro palhetadas, tocando-a com mais força. Isso vai ajudá-lo a permanecer no tempo.

Exercício 1c:

Conforme você notar que a sua precisão está melhorando, aumente a velocidade do metrônomo em incrementos de 8 bpm e trabalhe até chegar perto de 120 bpm. Nunca sacrifique a precisão pela velocidade.

Repita esse exercício novamente a 50, quem sabe até 40 bpm. Você obterá grandes benefícios ao controlar a sua palhetada em velocidades mais lentas.

Repita os três exercícios anteriores, mas, dessa vez, ao invés de palhetar todas as cordas, toque apenas uma única corda. Abafe a guitarra como antes, mas toque os exercícios apenas na terceira corda (Sol).

Exercício 1d:

Exercício 1e:

Exercício 1f:

Para ajudá-lo a controlar sua palheta e melhorar sua precisão, tente descansar a mão da palheta nas cordas mais graves (abafadas) da guitarra. Mantenha a mão da palheta o mais suave e relaxada quanto possível, mas certifique-se de que ela esteja encostando nas cordas 5 e 6.

Para continuar a desenvolver precisão e praticar entre diferentes níveis rítmicos, tente o exercício a seguir, que passa por semínimas (1/4), colcheias (1/8) e semicolcheias (1/16).

Exercício 1g:

O segredo para tocar esses exercícios com precisão é se concentrar mais no clique do metrônomo do que no som da guitarra. Se você desviar sua atenção para o metrônomo, você vai se pegar tocando mais fechado no tempo. Isso também ocorre ao tocar com uma banda: ao se concentrar no ritmo e na música dos outros membros, é provável que você toque mais fechado no groove.

Repita o exercício 1g, mas dessa vez palhete sobre todas as cordas abafadas.

Exercício 1h:

A seguir, aumente a frequência com a qual você muda as divisões rítmicas.

Exercício 1i:

Repita o exemplo 1i com todas as cordas abafadas.

A seguir, tente combinar subdivisões rítmicas diferentes para tornar a frase mais interessante.

Exercício 1j:

Exercício 1k:

Repita os exercícios anteriores com todas as cordas abafadas e tente aumentar a velocidade para cerca de 120 bpm.

O melhor conselho que eu posso te dar enquanto você aprende esses tipos de ritmos é se certificar de que o seu pé esteja acompanhando a batida. Bater o seu pé lhe ajudará a sentir a batida fisicamente, ao invés de apenas responder às ondas sonoras viajando pelo ar. Ao internalizar a batida fisicamente, você pode pensar menos e *sentir* se está no tempo.

Se for muito trabalho mental tocar esses ritmos, bater o pé e ficar junto com o metrônomo, desligue o metrônomo um pouco. Sem o metrônomo, certifique-se de que as palhetadas na guitarra estão em sincronia com o seu pé. Quando estiver confiante, insira o metrônomo a 40 bpm e sincronize o seu pé palhetada com o clique.

Quando eu estava aprendendo isso pela primeira vez, levou algum tempo até eu perceber que o meu pé estava fora do tempo em relação ao clique, e que isso afetava negativamente *tudo* que eu tocava na guitarra. Depois que eu me concentrei para valer no meu pé, o meu senso de ritmo melhorou drasticamente. É um uso bastante valioso do seu tempo de prática e traz muitos benefícios a praticamente tudo que você tocar.

Para poder praticar esses ritmos fundamentais de funk, escreva alguns próprios usando as subdivisões que você aprendeu neste capítulo.

Ao combinar esses ritmos essenciais, você começará a ouvir como uma linha de guitarra funk é construída, embora ainda haja muito a ser feito para desenvolver o seu senso rítmico do que apenas os ritmos básicos.

Capítulo 2: Ligaduras, Pausas e Combinações

A maioria da guitarra funk rítmica gira ao redor de ritmos sincopados. Um ritmo sincopado é aquele onde a acentuação ocorre *entre* os pulsos principais do compasso.

No Capítulo 1, você desenvolveu uma abordagem consistente em relação à palhetada, e eu ressaltei que desenvolver consistência no padrão *baixo-cima-baixo-cima* permite que você sinta e posicione, com precisão, os ritmos dentro do compasso.

A consistência se tornará muito importante agora, pois iremos aprender ritmos mais intrincados; sem o *baixo-cima-baixo-cima* na mão da palheta, fica fácil perder o ritmo e sair do tempo da banda. Pense na sua mão da palhetada como o seu maestro.

Ao usar pausas (tempos de silêncio) e ligaduras (combinação dos valores de duas notas), nós podemos criar partes de guitarra complexas e grooveadas com alguma facilidade.

A primeira pausa a ser introduzida é a pausa de colcheia (1/8). Ela é escrita assim:

Ao colocar essa pausa em uma batida para baixo, nós podemos começar a deixar buracos na parte rítmica. Esses buracos nos ajudarão a criar a sincopação.

No capítulo anterior você aprendeu que uma batida para baixo sempre é tocada na batida. O segredo para tocar partes rítmicas de funk com precisão é sempre manter a sua mão da palhetada se movendo para cima e para baixo. Mesmo que você não esteja fazendo contato com as cordas, manter a sua mão da palheta nesse ritmo é essencial para construir um bom tempo.

Estude as direções de palhetada dos exemplos a seguir para ver como o padrão de colcheias (1/8) sincopadas é abordado.

Exercício 2a:

Como você pode ver, as pausas de colcheias são colocadas em algumas das batidas. As direções de palhetada sob o exemplo tem a palhetada para baixo entre colchetes. A ideia é manter a mão da palhetada se movendo e simplesmente *errar* as cordas quando houver uma pausa. Ouça atentamente ao exemplo de áudio para ouvir isso em ação.

Tente tocar o mesmo ritmo em uma única corda abafada. Você provavelmente achará mais fácil abordar ritmos como esse usando palhetadas mais amplas, mas é importante afiar a sua técnica em uma única corda.

Comece com o metrônomo em cerca de 50 bpm.

Exercício 2b:

Aqui há alguns outros ritmos que contém pausas de colcheias.

Exercício 2c:

Exercício 2d:

Exercício 2e:

Trabalhe buscando acelerar os exemplos anteriores com precisão. Use um metrônomo ou a faixa de apoio 1.

Ligaduras

Na música, a ligadura é um símbolo que significa "toque a primeira nota e segure-a pela duração da segunda nota".

É escrita desta forma:

No exemplo a seguir, toque a primeira nota de cada par de ligaduras, mas não toque a segunda.

Exercício 2f:

Ouça e toque junto do exemplo de áudio para ter certeza de que está fazendo corretamente.

Se estiver usando palhetadas abafadas, deverá soar igual ao exemplo 2b:

Se esses exemplos soam iguais, por que nós diferenciamentos as pausas das ligaduras?

Há uma grande diferença entre usar pausas e ligaduras - depende se estamos tocando ritmos com acordes soantes ou notas abafadas.

Compare os dois ritmos anteriores quando eles são tocados sobre um acorde E9 ao invés de uma batida abafada:

Exercício 2g:

Exercício 2h:

Como você pôde ouvir pelo exemplo de áudio, esses dois ritmos possuem uma sonoridade diferente.

A sutil diferença entre tocar uma pausa ou uma ligadura pode ter grandes efeitos sobre o groove da música que estivermos tocando.

Criando Combinações Rítmicas em Semicolcheias

Agora que você entende como funcionam as pausas e ligaduras com ritmos de colcheias (1/8), você pode seguir em frente e usá-las com as divisões de semicolcheias (1/16) mais comuns em linhas de guitarra funk.

Vamos explorar o que acontece quando você começa a usar pausas para juntar semicolcheias.

Lembre-se: ao ver uma ligadura, *você toca a primeira nota* e *continua a pressioná-la pela duração da segunda nota*.

No exemplo a seguir, eu toco semicolcheias contínuas durante um compasso e então junto as duas primeiras semicolcheias de cada compasso com ligaduras. A minha mão direita não para de se mover, para cima e para baixo, durante a ligadura.

Eu escrevi ritmos de notas únicas para deixar os diagramas mais claros. Entretanto, você deve começar com todas as cordas abafadas, já que usar um movimento mais amplo irá ajudá-lo a ser mais preciso.

Exercício 2i:

Ouça o exemplo de áudio e toque o exercício em loop até adquirir confiança.

Matematicamente, juntar duas semicolcheias (1/16) é o mesmo que tocar uma colcheia (1/8). (1/16 + 1/16 = 1/8)

Isso significa que o exercício anterior pode ser reescrito desta forma:

Embora os dois exercícios anteriores soem identicamente, você provavelmente achará o segundo mais difícil de ser lido.

Observe que o padrão de palhetada é o mesmo.

No exemplo a seguir, as duas semicolcheias do meio são unidas por ligadura no segundo compasso.

Exercício 2j:

Novamente, a mão da palheta continua se movendo para *baixo-cima-baixo-cima*, mas dessa vez você evita o segundo *baixo* de cada grupo. *"Baixo-cima cima-Baixo-cima cima"*.

Aqui vai o mesmo diagrama com as palhetadas entre colchetes. Você pode achar essa leitura mais fácil.

Aplicando a mesma lógica do exemplo 2i, o exercício anterior pode ser reescrito desta forma:

Toque junto com a faixa de apoio e se certifique de bater o pé junto com a batida. Pode ser bem fácil ficar do lado errado nesses ritmos.

Finalmente (por ora), eu vou juntar as duas últimas semicolcheias de cada batida com ligaduras.

Exercício 2k:

Ou:

Ao unir diferentes pares de semicolcheias, nós criamos quatro grupamentos rítmicos distintos.

Ao combinar esses quatro grupamentos rítmicos de semicolcheias, é possível criar algumas linhas de guitarra rítmica funk extremamente complexas.

Essas combinações são praticamente infinitas, especialmente se você considerar que, em breve, nós reintroduziremos as pausas.

Antes de prosseguir, certifique-se de que você consegue tocar, ler e reconhecer as seguintes partes fundamentais da guitarra funk:

Exercício 2l:

Toque o exercício 2l tanto com notas isoladas abafadas quanto com todas as cordas abafadas.

Agora que você dominou os quatro padrões principais de semicolcheias, nós podemos combiná-los em frases de um compasso.

Mais uma vez, por questões de simplicidade visual eu estou escrevendo esses exercícios com ritmos de notas únicas, mas você deve começar a treiná-los tocando todas as cordas abafadas.

O exercício 2m combina apenas dois os ritmos anteriores.

Exercício 2m:

O exercício 2n combina três grupamentos de semicolcheias.

Exercício 2n:

O exercício 2o usa os mesmo três grupamentos, mas de um jeito diferente.

Exercício 2o:

O exercício 2p usa todos os quatro grupamentos de semicolcheias.

Exercício 2p:

O exercício 2q mostra outra abordagem.

Exercício 2q:

Por fim, o exercício 2r reintroduz as pausas de colcheias.

Exercício 2r:

Importante

No exercício anterior, você pode achar que tocar a colcheia no tempo 3 soa mais natural do que uma palhetada para baixo. Tudo bem com isso, contanto que você permaneça no tempo. Isto pode parecer mais confortável:

Meu conselho é fazer o que for mais confortável, contanto que você permaneça dessa forma. Consistência na sua abordagem à palhetada é incrivelmente importante enquanto você constrói o seu vocabulário rítmico.

Com direções diferentes de palhetada, você acabará desaguando em sensações diferentes. Eventualmente você será capaz de variar o ataque da palheta conforme a sua vontade, então não se preocupe muito com isso agora.

Antes de seguir em frente, volte e repita os exercícios 2i a 2r usando um acorde E9 ao invés de cordas abafadas. Por exemplo, o exercício 2r soaria desta forma:

Exercício 2s:

Certifique-se de bater o seu pé no tempo e que você enfatize a diferença entre acordes e pausas. Isso pode ser alcançada através de um controle cuidadoso da pressão na mão do braço da guitarra.

Capítulo 3: Introduzindo Pausas de Semicolcheias

Até agora, nós estudamos quatro diferentes grupamentos de semicolcheias e como eles podem ser combinados para criar ritmos interessantes.

Esses quatro ritmos são:

Esses ritmos ocorrem com frequência em linhas de guitarra funk rítmica.

Entretanto, existem outros grupamentos de semicolcheias que nós podemos criar ao introduzirmos pausas de semicolcheias nesses padrões. Eles serão abordados mais à frente neste capítulo.

Para começar, nós daremos uma olhada em como o clima da música muda se nós trocarmos as colcheias do diagrama anterior por uma semicolcheia seguida de uma pausa de semicolcheia.

Na notação musical, a pausa de semicolcheia é escrita desta forma: ⸮

Nós começaremos comparando um ritmo com ligadura (ou uma colcheia) com um ritmo que usa uma nota e uma pausa de semicolcheia. Esse é o tipo de exemplo que soará diferente conforme você esteja tocando acordes inteiros ou apenas as cordas abafadas.

Compare a notação do primeiro compasso com a notação do segundo.

Mais uma vez, o exemplo a seguir é escrito com notas isoladas por questões de clareza. Ele é tocado no exemplo de áudio com palhetadas abafadas por todas as cordas, e é assim que você deve praticá-lo.

Exercício 3a:

Como você pôde ouvir, ambos os compassos soam idênticos quando tocados com palhetadas abafadas.

Agora escute e toque a mesma frase com um acorde E9.

Exercício 3b:

Eu espero que você consiga ouvir a diferença entre usar uma semicolcheia seguida de uma pausa de semicolcheia e uma colcheia completa; cria-se um efeito ritmo bastante diferente. O segundo compasso é definitivamente mais agressivo do que o primeiro compasso, muito embora as acentuações de cada ritmo estejam no mesmo lugar.

Tente tocar as outras combinações rítmicas de semicolcheias dessa forma. Com um acorde E9, toque o primeiro compasso com uma colcheia e o segundo compasso com uma semicolcheia seguida de uma pausa de semicolcheia.

Use a sua mão do braço da guitarra para abafar as cordas quando for tocar a pausa. A única diferença entre cada acorde é que, ao invés de deixar as colcheias soarem, você as abafará ao afrouxar levemente a pressão da mão do braço da guitarra e não conectar a palhetada correspondente com a mão da palheta.

Uma dica um pouco mais avançada é tocar as notas abafadas no topo (cordas mais altas) e os acordes articulados a partir da quinta corda. Ao variar as cordas, você pode criar uma dinâmica interessante no seu ritmo.

Você não precisa acertar todas as cordas o tempo todo. Tente fazer com que a guitarra respire.

Exercício 3c:

Exercício 3d:

Para destacar a diferença entre usar colcheias completas e semicolcheias seguidas de pausas de semicolcheias, pode ser que você prefira tocar esses diferentes grupamentos em uma rápida sucessão.

Exercício 3e:

Tente utilizar essa abordagem com os outros dois grupamentos de semicolcheias.

Agora combine algumas dessas combinações rítmicas. Preste bastante atenção às durações das notas em cada grupamento. Controle o abafamento com a mão do braço da guitarra para que você possa articular a diferença entre uma colcheia e uma semicolcheia + uma pausa de semicolcheia.

Exercício 3f:

Exercício 3g:

Exercício 3h:

Invente e pratique tantas variações dessa ideia quanto você conseguir pensar.

Outros Grupamentos com Pausas de Semicolcheias

Há um importante grupamento de semicolcheias que nós ainda não consideramos. É possível deixar uma pausa de semicolcheia na *primeira* divisão de semicolcheia de cada batida.

Ao colocar uma pausa de semicolcheia na primeira divisão, um "buraco" rítmico é criado diretamente no tempo. Esse é um dispositivo musical extremamente eficiente.

Observe que a primeira palhetada para baixo está entre colchetes em cada batida, o que significa que você não deve tocá-la. Não se esqueça de que a sua mão da palheta nunca deve parar de se mover para cima e para baixo. Para criar a pausa, basta *errar as cordas* quando passar por elas na primeira palhetada para baixo.

Mais uma vez, o ritmo é escrito com uma única nota, pela clareza. É mais fácil começar a tocar esses exemplos com palhetadas abafadas em todas as cordas.

Errar a primeira semicolcheia da batida pode ser um pouco complicado. O jeito mais fácil que eu encontrei de ensinar isso é tocar um compasso completo de semicolcheias abafadas antes de mudar para o ritmo alterado. Isso é mostrado no exercício 3i.

O primeiro compasso colocará a sua mão no movimento correto, então tudo que você precisará fazer no segundo compasso é não tocar a primeira de cada quatro palhetadas para baixo.

Exercício 3i:

Comece tocando esse exercício a 60 bpm e aumente gradualmente a velocidade do metrônomo até chegar em 120 bpm.

Quando tiver confiante com esse ritmo, incorpore-o gradualmente aos seus exercícios. Os exercícios a seguir irão iniciá-lo. Comece tocando cada exercício com as cordas abafadas, então os toque em apenas uma corda abafada antes de tentá-los com um acorde E9.

Exercício 3j:

Exercício 3k:

Exercício 3l:

Tente criar tantas variações rítmicas quanto conseguir. Comece devagar e sempre se concentre na precisão em detrimento da velocidade.

A velocidade vai vir facilmente depois que você estiver no controle desses padrões.

É possível adicionar duas e até três pausas de semicolcheias em um grupamento de quatro notas para criar ritmos ainda mais sincopados.

Vamos começar colocando duas pausas de semicolcheias no final de cada grupamento. No papel, isso pode ser escrito de duas formas diferentes, porque duas pausas de semicolcheias são iguais a uma pausa de colcheia.

Exercício 3m:

Não se esqueça de manter a sua mão da palheta sempre em movimento.

Tente usar esse novo grupamento em algumas frases completas. Aqui vai uma para você começar.

Exercício 3n:

O exercício a seguir combina esse novo ritmo com aquele ensinado no exercício 3i:

Exercício 3o:

Nós entraremos em mais detalhes quanto a acordes na segunda parte deste livro, mas para dar o pontapé inicial na sua criatividade, aqui vai um riff bem funkeado que usa apenas o ritmo anterior.

Exercício 3p:

Você pode ouvir como é simples adicionar alguns acordes para transformar esses ritmos em um groove digno de James Brown. Tente adicionar alguns acordes aos exercícios anteriores.

Há ainda outros cinco importantes grupamentos rítmicos que combinam duas semicolcheias e duas pausas de semicolcheias. Nós os abordaremos aqui pela completude, embora agora você provavelmente já descobriu essas permutações sozinho. Não tenha medo de simplesmente tocar o que você ouvir.

Agora nós daremos uma olhada em cada grupamento e examinar um exemplo rítmico para cada um. Esses exemplos ficam gradualmente mais difíceis, mas se você pegá-los lentamente e manter a sua mão da palheta sempre em movimento, você os dominará rapidamente. Como sempre, ouça e toque junto com os exemplos de áudio. Você progredirá rapidamente!

Aprenda os exemplos a seguir da mesma forma que você aprendeu os anteriores. Comece com palhetadas sobre todas as cordas abafadas antes de passar para notas únicas abafadas e, então, para um acorde estático.

Exercício 3q:

Exercício 3r:

Exercício 3s:

Exercício 3t:

Exercício 3u:

Exercício 3v:

Exercício 3w:

Exercício 3x:

Exercício 3y:

Exercício 3z:

Esse capítulo possui muitas informações, e você provavelmente precisará de algum tempo até dominá-las.

Escolha um ou dois ritmos a cada dia e pratique-os antes de seguir em frente. Construa frases cada vez maiores gradualmente e se concentre na precisão.

Esses ritmos cobrem cada aspecto da guitarra funk e é essencial tê-los na ponta dos dedos.

Use um metrônomo e as faixas de apoio para se certificar de que esses ritmos estão bem fechados no groove.

Capítulo 4: Grupamentos de Notas Únicas

Para ampliar o seu conhecimento e a sua liberdade rítmica, é importante aprender a tocar grupamentos de semicolcheias que contenham apenas uma nota.

Obviamente, há apenas quatro ritmos possíveis:

É absolutamente essencial dominar esses ataques de notas únicas se você pretende tocar uma boa guitarra funk. Ao aprender essa abordagem rítmica bastante esparsa, você melhorará o seu posicionamento rítmico dramaticamente.

Assim como em qualquer novo conceito musical, é importante estar bastante consciente e *cognitivo* sobre o que você está aprendendo, mas você será capaz, muito em breve, de tocar esses ritmos inconsciente e musicalmente. Normalmente, você não quer ser muito cerebral quando toca. Na verdade, você deveria tentar desligar completamente esse lado do seu cérebro. Entretanto, quando você está aprendendo algo novo, é importante estar tão envolvido quanto seja possível.

Para desenvolver o seu controle e posicionamento dessas semicolcheias únicas, eu sugeriria que você tocasse um compasso completo de semicolcheias contínuas, seguido por um compasso do seu grupamento escolhido. Lembre-se que a sua mão da palhetada não para de se mover para cima e para baixo em divisões de semicolcheias. Simplesmente se concentre em fazer contato com as cordas no tempo certo.

Comece outra vez com palhetadas completas e abafadas, ainda que o ritmo esteja escrito em notas únicas. Passe para notas únicas quando ganhar confiança.

Comece com o primeiro ritmo do diagrama anterior.

Exercício 4a:

O exercício 4a deverá ser bem simples para você já que as semicolcheias abafadas parecem a mesma coisa que tocar uma semínima abafada no compasso dois. Lembre-se, porém, da diferença entre tocar notas abafadas e notas cheias, soantes. Tente o exercício anterior mais uma vez, mas agora com um acorde E9. Certifique-se de que o acorde é abafado no momento certo no compasso 2.

Deve soar desta forma:

Exercício 4b:

Agora tente combinar esses dois grupamentos em um compasso.

Exercício 4c:

Agora, combine esse ritmo com uma frase completa.

Exercício 4d:

Tente improvisar algumas frases que usam um fragmento único de semicolcheia. Não se esqueça de tocar acordes cheios também!

Agora prossiga para o ritmo número 2. Esse grupamento em particular é um dos mais manhosos para se dominar.

Comece tocando todas as cordas abafadas.

Exercício 4e:

Combine os ritmos.

Exercício 4f:

A seguir, toque a frase com um acorde E9 para verificar se consegue abafar no momento certo.

Exercício 4g:

Por fim, combine os novos grupamentos de semicolcheias com aqueles que você já havia dominado, antes de criar e experimentar os seus próprios ritmos de um compasso.

Exercício 4h:

Lembre-se de praticar com palhetadas abafadas, notas únicas abafadas e acordes e notas soltas.

Estou certo de que você já está pegando a ideia de como esse processo funciona, então para economizar espaço eu vou te dar apenas as primeiras combinações dos ritmos 3 e 4 das páginas 35-36.

Exercício 4i:

Exercício 4j:

Trabalhe com esses ritmos até você se sentir extremamente confiante. A habilidade de tocar esses ataques esparsos de acordes realmente é o diferencial de um excelente guitarrista rítmico de funk. Pratique cada ritmo com as faixas de apoio e o seu metrônomo. É mais fácil praticar com uma faixa de apoio como as faixas 1, 2 e 3, mas você terá que trabalhar mais e confiar mais em si mesmo se usar apenas um metrônomo.

Para testar suas habilidades, aqui vão algumas partes rítmicas extremamente esparsas. Conforme você for dominando-as, tente tocá-las com a faixa de apoio 1 antes de avançar para as faixas de apoio mais rápidas.

Comece com palhetadas abafadas antes de tentar com um acorde E9 ou uma nota única.

Exercício 4k:

Exercício 4l:

Exercício 4m:

Os exercícios a seguir combinam mais algumas possibilidades rítmicas que nós estudamos.

Exercício 4n:

Exercício 4o:

Exercício 4p:

Crie tantos ritmos parecidos quanto seja possível. Você pode começar a escrevê-los de forma arbitrária e aleatória simplesmente combinando diferentes ritmos de semicolcheias. Conforme você for melhorando, você rapidamente começará a ouvir essas ideias completamente formadas na sua cabeça. É aí que o exercício começa a ficar musical, e o seu cérebro criativo é ativado.

Lembre-se de que é muito importante ouvir e transcrever linhas de guitarra funk de outras músicas. As habilidades rítmicas e técnicas que você desenvolveu até agora neste livro irão ajudá-lo a ouvir e sentir instantaneamente como funciona o ritmo do funk. Tente ao máximo entrar em sintonia com o guitarrista da gravação e emular as suas *sensações* o máximo possível.

Os exercícios neste capítulo irão desenvolver o seu vocabulário rítmico, sua técnica e a sua percepção conceitual do que é ritmicamente possível. Rapidamente, você encontrará essas ideias se misturando à sua execução.

Capítulo 5: Abafando e Acentuando

Os capítulos anteriores deste livro se concentram na articulação de divisões específicas de semicolcheias dentro das batidas. As divisões não tocadas foram silenciadas através das palhetadas fantasma (ignoradas).

Essa abordagem ao aprendizado de ritmos é útil porque te ajuda a internalizar e articular cada divisão de semicolcheia possível. Depois que esses ritmos são internalizados, eles se tornam fáceis de sentir, ouvir e executar na guitarra.

Uma técnica importante na guitarra funk é tocar *cada* semicolcheia do compasso como uma palhetada abafada e percussiva, e para articular apenas os ritmos que são necessários para "cortar" a mixagem. Isso é feito tanto com uma palhetada abafada mais forte ou com uma nota pressionada.

Ao usar a guitarra dessa forma percussiva, o guitarrista pode adicionar um detalhe interessante à música. De fato, é comum que guitarristas de funk toquem apenas semicolcheias abafadas por longos períodos de tempo, articulando apenas determinadas notas com palhetadas mais fortes. Essa técnica também é usada em conjunto com um pedal de wah-wah.

Um ótimo jeito de internalizar essa técnica de constantes semicolcheias abafadas é trocando entre notas abafadas e notas ou acordes acentuados. Isso é desafiador no começo porque exige bastante controle da mão do braço da guitarra.

Ouça os exercícios 5a e 5b para ouvir o efeito dessa técnica. A mesma frase é tocada duas vezes; no primeiro exemplo, apenas as notas pressionadas e acentuadas são tocadas, e no segundo exemplo cada lacuna é preenchida com as palhetadas abafadas.

Exercício 5a:

Exercício 5b:

Como você pôde ouvir, ambos os exemplos contêm as mesmas notas articuladas, mas o efeito rítmico em cada um é bem diferente.

Tente o mesmo ritmo novamente, mas usando um acorde E9.

Exercício 5c:

A seguir, toque o mesmo ritmo com notas mudas, mas ao invés de articular as notas pressionadas com um acorde, apenas *acentue* a nota muda com uma palhetada mais forte. Isso soará estranho no começo e pode ser desafiador continuar no tempo.

N.B. ➤ = Acentuação

Exercício 5d:

Tente ao máximo diferenciar claramente entre as notas acentuadas e não acentuadas.

Quanto mais você praticar esse tipo de abordagem, mais ela se tornará uma parte natural e inconsciente da sua técnica. Você poderá trocar facilmente entre notas abafadas, notas abafadas articuladas, notas pressionadas e silêncios.

Os processo que eu usava para desenvolver essa habilidade consistia em tocar um ritmo de semicolcheias com notas mudas (exercício 5a), e então preencher cada semicolcheia não tocada com palhetadas abafadas (exercício 5b). Então, eu repetia o ritmo com um acorde completo e abafadas (exercício 5c), e finalmente articulava o ritmo apenas com palhetadas abafadas mais fortes (exercício 5d).

Aqui vai o mesmo processo, repetido com um novo ritmo.

Exercício 5e:

Exercício 5f:

Exercício 5g:

Exercício 5h:

Pode ser que você ache mais simples começar esse processo com acordes cheios, para então passar para as abafadas. Sem problemas quanto a isso, e você sempre deve praticar aquilo que você acha que te trará resultados mais rápidos e consistentes.

É importante consolidar essa nova habilidade. Assim, para trabalhar essas abordagens importantes, volte e trabalhe os exercícios dos capítulos 2, 3 e 4.

Aqui vão alguns ritmos para você começar.

1)

2)

3)

Tente adicionar períodos de pausas às suas linhas para quebrar as frases. Lembre-se de manter a sua mão da palheta se movendo para cima e para baixo suavemente durante as pausas, ignorando as cordas para criar os silêncios.

Pode ser difícil e verdadeiramente desafiador tocar *exatamente* como está escrito, porque é necessária muita concentração para trocar entre as palhetadas abafadas e as pausas. Isso posto, esses são alguns dos exercícios mais benéficos deste livro e você sempre deve praticar um pouco fora da sua zona de conforto.

Exercício 5i:

Exercício 5j:

Exercício 5k:

Exercício 5l:

Repita os exercícios anteriores, mas agora com notas únicas.

Capítulo 6: Padrões de Tercinas de Semicolcheias

Esse capítulo explora o uso de tercinas de semicolcheias em um groove de funk regular em semicolcheias.

Tercinas de semicolcheias às vezes são utilizadas por guitarristas para dar variações e efeitos ao seu som, embora o importante aqui seja ter em mente que, normalmente, elas são usadas com moderação. Uma linha de guitarra cheia de tercinas pode ficar sobrecarregada e maçante muito rapidamente.

Uma tercina é definida como um grupo de três notas tocadas uniformemente em um tempo no qual, normalmente, tocaria-se apenas duas notas.

Então, tocar um grupo de tercinas de semicolcheias leva o mesmo tempo para tocar um grupo de duas semicolcheias.

Por exemplo,

Exercício 6a:

Você leva o mesmo tempo para tocar o grupo de tercinas na segunda metade de cada batida e as duas semicolcheias regulares na primeira metade de cada batida.

Claro que esse padrão pode ser invertido:

Exercício 6b:

O uso ocasional de uma tercina de semicolcheias pode soar muito bem, mas elas oferecem um verdadeiro desafio técnico ao guitarrista. Como agora nós estamos introduzindo um grupo de três notas em cada batida, o nosso padrão de palhetada é interrompido, forçando-nos a começar o seguinte tempo com uma palhetada para cima.

Isso é mais fácil de ver no papel. Estude com cuidado as direções de palhetada no diagrama a seguir.

Como você pode ver, quando nós "saímos" da tercina, somos forçados a tocar uma palhetada para cima no tempo seguinte.

Algumas soluções foram propostas para esse problema. Eu sinto que, contanto que você retorne tocando uma palhetada para baixo no começo do tempo *seguinte*, essa idiossincrasia normalmente se resolve sozinha.

Na realidade, você provavelmente se verá tocando alguma coisa "confortável" no tempo seguinte à tercina, para resolver naturalmente o padrão de palhetada para baixo.

Os exercícios a seguir irão ajudá-lo a incorporar as tercinas de semicolcheias à sua execução. Ouça com atenção e tente tocar junto com os exemplos de áudio para que você possa internalizar essa técnica.

Exercício 6c:

(A primeira palhetada é para baixo, mas na repetição ela vira uma palhetada para cima, como mostrado no segundo compasso).

Exercício 6d:

Exercício 6e:

Exercício 6f:

Exercício 6g:

Exercício 6h:

O exercício 6h é importante, porque o padrão de palhetada é alterado sutilmente no segundo compasso. A tercina no final do primeiro compasso força uma alteração na dinâmica para que as palhetadas voltem ao normal.

Adicione essas tercinas tanto quanto conseguir aos ritmos anteriores. Experimente colocá-las em diferentes tempos do compasso, precedendo-as com pausas e notas em colcheias e semicolcheias.

À medida que for ficando mais confiante, volte por esse capítulo e inverta a terceira de cada exercício, de modo que ao invés de usar o padrão do exercício 6c, você esteja tocando o padrão do exercício 6i.

Exercício 6i:

Substitua esse padrão de tercina invertida em quantas frases rítmicas você conseguir.

Uma Preocupação Técnica

Muitos guitarristas têm uma forte tendência em acelerar essas tercinas. Nossos cérebros parecem apenas pensar em colocar ainda mais notas, então nós acabamos tocando muito rápido e saindo do groove.

Ouça cuidadosamente aos exemplos de cada capítulo. Aumente o volume das faixas de apoio e desligue sua guitarra. Quando estiver "fechado" (tocando em perfeita sincronia com a bateria e o baixo), você deve ter a sensação de que a guitarra saindo do alto-falante ou do fone é a sua. Você provavelmente ficará surpreso com o quanto você estava acelerando o tempo.

Capítulo 7: Entrando no Tempo com Semicolcheias Regulares e Swingadas

Até agora, foram examinados apenas guitarras funk rítmicas sobre um groove *regular*. Significa dizer que a bateria na faixa de apoio tocam apenas semicolcheias *igualmente* espalhadas pela batida. Essas semicolcheias são normalmente tocadas pelos hi-hats.

Ouça atentamente à bateria da faixa de apoio 4 e compare-a com a bateria da faixa de apoio 1. Essas duas faixas soam bastante diferentes uma da outra. A faixa de apoio 4 parece mais solta e menos "quadrada" que a faixa de apoio 1, embora ambas estejam no mesmo tempo e perfeitamente sincronizadas.

A "soltura" da faixa de apoio 4 é causada pelo modo como o baterista ajusta o modo como as semicolcheias são tocadas nos hi-hats. Ao invés de tocá-las igualmente pela batida, a primeira de cada duas semicolcheias é *alongada*, fazendo com que o hi-hat pareça estar atrasado. Veja se você consegue ouvir isso prestando bastante atenção na bateria na faixa de apoio 4.

Se o primeiro hi-hat do par parecer *muito* longo, o *shuffle* fica exagerado. Se a primeira nota é apenas um pouco mais longa, então o shuffle pode ser bem sutil. Imagine um disco que pode aumentar a duração do shuffle através do alongamento da primeira de cada par de semicolcheias.

Literalmente, a coisa mais importante que você pode fazer enquanto guitarrista de funk é ficar fechado no senso rítmico dos hi-hats. Se você não estiver no tempo, é melhor desligar sua guitarra e ir para casa.

Este capítulo foca em algumas simples formas para que você se certifique de está tocando fechado no groove.

O jeito mais simples e provavelmente mais fácil para ficar alinhado com o tempo da música é tocar algumas palhetadas abafadas enquanto ouve a bateria. Tente não ouvir a sua própria execução; foque nos hi-hats e coloque a sua mão da palhetada no ritmo.

Há três faixas de apoio com diferentes quantidades de shuffle na bateria.

Comece com a faixa de apoio 4 e toque palhetadas abafadas em semínimas, no tempo, com a bateria. A faixa de apoio 4 tem uma melodia bastante óbvia. Mexa o seu corpo, acompanhe o tempo batendo o pé e balance sua cabeça no tempo da música. Cada palhetada deve estar no tempo com o seu pé e sua cabeça.

Agora tente colcheias... toque todas com palhetadas para baixo. Quando estiver pronto, concentre-se no hi-hat e comece a tocar semicolcheias. Suas palhetadas para baixo terão uma duração maior do que as palhetadas para cima.

No todo, esse exercício deve soar mais ou menos assim.

Exercício 7a:

Repita esse exercício com cada uma das faixas de apoio diferentes. Lembre-se de começar batendo o pé e balançando a cabeça. Introduza as semínimas, então as colcheias e, finalmente, as semicolcheias que se encaixam na sensação rítmica da faixa.

Cada vez que você pegar a guitarra, comece com esse exercício. Coloque um álbum de funk para tocar e pratique, vendo o quão rápido você consegue entrar no groove da canção.

Conforme você ficar mais confortável, introduza diferentes grupamentos de semicolcheias abafadas e se concentre em tocar no tempo da faixa, com semicolcheias. Você pode tocar algo assim depois que estiver fechado com os grupamentos contínuos de semicolcheias.

Exercício 7b:

Improvise ritmos. Também não se esqueça de tocar esparsamente. As ferramentas mais importantes que você têm são seus ouvidos, então continue prestando atenção na bateria.

Se você souber o tom da música, tente tocar alguns acordes e variar entre palhetadas abafadas, ataques articulados e pausas.

Faça isso tanto quanto conseguir, com tantas faixas de apoio diferentes que você conseguir encontrar.

Por fim, volte por todos os exercícios da primeira metade deste livro e toque esses ritmos junto a uma faixa de apoio ou uma música de fato. Rapidamente, você começará a sentir e internalizar como essas divisões rítmicas funcionam em um contexto realmente musical.

Se você tiver uma banda, ou um amigo baixista e outro baterista, junte-se a eles e façam um ensaio improvisando ao máximo sobre essas ideias. Interação real com músicos reais é crucial para o seu desenvolvimento. Se você oferecer a um baterista e a um baixista a oportunidade de fazer uma jam por algumas horas, poucos deles dirão não!

Neste livro nós ainda olharemos as técnicas rítmicas para firmar ainda mais o nosso tempo. Por enquanto, é hora de adicionar alguns elementos melódicos e harmônicos de guitarra funk enquanto nós examinamos algumas abordagens baseadas em acordes e riffs para construir o groove.

Parte Dois: Acordes, Riffs e Melodias

Capítulo 8: Técnicas de Acordes

Uma das características que melhor definem o funk é o fato de a harmonia ser bem estática. É possível que haja apenas um ou dois acordes em toda a música.

A história conta que quando James Brown entrevistou o guitarrista Jimmy Nolan, ele perguntou: "Você consegue tocar um acorde E9?" "Claro", respondeu Jimmy. James Brown riu e então disse, "Sim, mas você consegue tocá-lo *a noite toda*?"

Bom, obviamente que o Jimmy podia, e ele acabou se tornando uma das figuras mais icônicas da guitarra funk.

Seja a história real ou não, ela mostra que tocar guitarra rítmica de funk é muito mais sobre tocar "fechadinho" do que tocar sequências elaboradas de acordes.

Essa seção examina muitas formas de abordar o improviso sobre acordes estáticos, e discute algumas vozes e progressões essenciais. O objetivo é desenvolver sutileza e nuances no seu trabalho rítmico.

Você melhorará o seu repertório de vozes e progressões de acordes ao estudar abordagens harmonicamente mais avançadas de guitarra rítmica. Embora essa abordagem seja um pouco reminiscente do disco e do soul do que do funk puro, elas são inestimáveis quando você deseja aplicar um estilo rítmico de funk a tipos mais modernos de música.

Nós começaremos com um acorde E9 de funk. Embora ele já tenha sido usado com bastante frequência nesse livro, é um ótimo lugar para começar enquanto procuramos as nuances mais comuns à guitarra rítmica de funk.

O acorde E9 é normalmente tocado de um dos dois jeitos seguintes:

Exercício 8a:

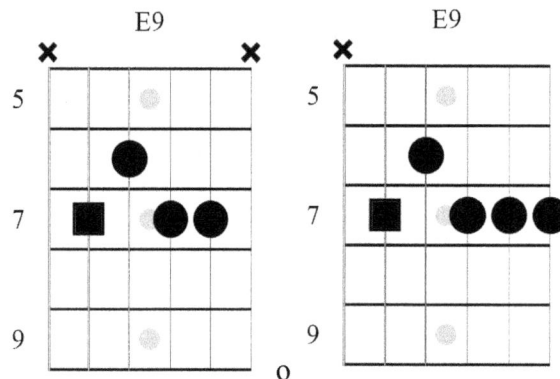

A 7ª casa na corda E aguda é opcional, então tente o acorde com e sem ela para perceber os diferentes efeitos.

Como esse acorde não contém nenhuma corda aberta, ele pode ser transposto para qualquer parte do braço da guitarra. Por exemplo: se tocado na 5ª casa, ele vira um acorde D9.

Quando estiver praticando as ideias dessa seção, você deve atacar a guitarra com bastante força com a mão da palhetada. Eu vejo muitos alunos que, normalmente, não atacam a guitarra com a força necessária.

Você provavelmente já notou que a guitarra rítmica em gravações de funk é bastante "estalada" e se destaca na mixagem. Esse som só pode ser alcançado com uma palhetada agressiva, então você precisa praticar essa técnica. Você sempre poderá suavizá-la depois se tiver ido longe demais, mas se não praticar um ataque mais forte, você nunca terá essa opção. Tente sentir as cordas resistindo à palheta quando estiver palhetando a guitarra.

A primeira técnica importante de guitarra funk é aprender a *deslizar* um acorde inteiro, um semitom acima. A ideia é começar um semitom *abaixo* da nota desejada, atacar o acorde e então deslizá-lo para cima, em direção à nota alvo, com um movimento suave.

Por exemplo, para buscar um acorde E9, eu tocaria um E*b*9 e rapidamente deslizaria o acorde um semitom acima, em direção ao E9.

Ritmicamente, há três modos de abordar esse slide.

1) Do tempo para o contratempo

2) Do contratempo para o tempo

3) Como uma *grace note* (apojadura), onde o slide é mais "sentido" do que ouvido.

Veremos uma de cada vez.

1) Do tempo para o contratempo

No primeiro exemplo, o acorde de "abordagem" Eb9 é tocado no tempo. Ele dura uma semicolcheia, e eu cheguei ao acorde alvo E9 na segunda semicolcheia do compasso.

Esses exemplos são mais fáceis de ouvir do que de ler, então se certifique de ter baixado os arquivos de áudio do **www.fundamental-changes.com/audio-downloads**.

Exercício 8b:

Preste bastante atenção nas direções das palhetadas. Palhete uma vez no Eb9, deslize um semitom acima e só volte a palhetar no tempo dois. Lembre-se de palhetar com mais força do que você acha que precisa!

Aqui vão alguns exemplos para mostrar essa técnica em contexto.

A sensação e nuance da guitarra funk são praticamente impossíveis de se escrever com perfeição, então toque junto do exemplo de áudio para ter certeza de que está no caminho certo.

Exercício 8c:

Observe como o exercício 8c usa a sexta corda aberta no tempo um. Lembre-se de manter a sua mão da palhetada para cima e para baixo, em semicolcheias constantes, para mantê-lo no tempo.

Uma dica é tocar as notas mais "justas" nas cordas mais altas, e os acordes cheios a partir da quinta corda. Fazendo dessa forma, você cria uma dinâmica bastante interessante no seu ritmo. Você não precisa acertar todas as cordas o tempo todo.

O próximo exercício é um pouco mais envolvido. É um padrão de dois compassos ao invés de um único compasso repetido.

Exercício 8d:

Mais uma vez, ouça cuidadosamente ao áudio e improvise junto. Não se preocupe muito em tocar cada nota perfeitamente; apenas se concentre em entrar no tempo com a abordagem do Eb9 deslizando imediatamente para o E9.

2) Do contratempo para o tempo

A próxima abordagem é tocar o acorde Eb9 na semicolcheia final do tempo e deslizar para cima de modo que o acorde-alvo seja alcançado diretamente no tempo. Essa abordagem cria um efeito rítmico muito diferente.

Como o acorde Eb9 está agora na quarta semicolcheia, ele será tocado com uma palhetada para cima.

Exercício 8e:

O exercício a seguir demonstra essa técnica, usada em um contexto musical. Observe a palhetada extra no compasso dois.

Exercício 8f:

O próximo exercício mostra como a abordagem contratempo / tempo pode ser usado da segunda para a terceira semicolcheia do tempo.

Exercício 8g:

3) Usando um Slide de *Grace Note*

Essa última abordagem é parecida com a do exercício anterior, na qual nós saímos do contratempo para o tempo. Entretanto, o slide é muito mais sutil e menos pronunciado. A ideia é atingir o acorde-alvo no tempo, e dar a ele um *"empurrãozinho"* de baixo.

Compare o som do exercício a seguir com o do exercício 8e.

Exercício 8h:

Usando um slide com "grace note" ou "apojadura" pode dar um efeito "arrastado" ao groove.

Os dois exercícios a seguir mostram algumas aplicações musicais dessa técnica.

Exercício 8i:

Exercício 8j:

Any chord can also be targeted by moving the approach chord up twice from a whole tone below. Essa é uma técnica bastante comum.

Exercício 8k:

É claro que você também pode atingir o acorde alvo saindo mais de cima.

Exercício 8l:

O acorde E13 é intimamente próximo do E9, sendo bastante comum no funk. Ele é formado tocando um acorde E9 convencional e esticando um pouco o dedo mínimo.

Isso é tocado da seguinte maneira:

Exercício 8m:

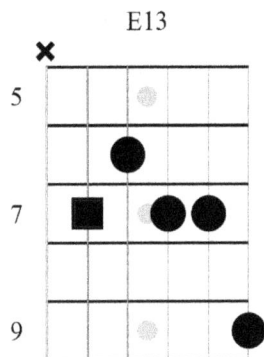

E13

O riff a seguir é escrito no estilo de Jimmy Nolan, guitarrista de James Brown. Você provavelmente vai reconhecê-lo rapidamente.

Exercício 8n:

Veja se você consegue preencher as lacunas com notas abafadas e slides.

Exercício 8o:

O segredo para fazer essas técnicas com acordes funcionarem é ouvir o máximo de música funk que você conseguir, e tentar emular as sensações dos grandes guitarristas. Ouvir James Brown é um ótimo jeito de começar, já que os riffs de guitarra são geralmente bem fáceis de ouvir.

Aqui vão algumas outras vozes e acordes de guitarra funk.

O acorde menor com 7ª com a tônica na quinta corda é essencial.

Exercício 8p:

Em7

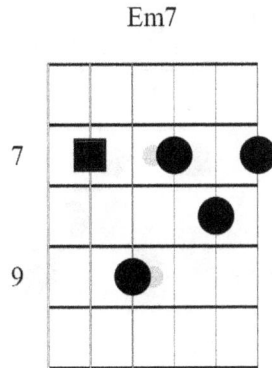

Mais uma vez, esse é um acorde com pestana transportável, então você pode levá-lo para cima e para baixo no braço da guitarra, em novos tons.

Para se familiarizar com essa voz, toque os exercícios 8b a 8o e substitua o acorde E9 com o acorde Em7 mostrado acima. Por exemplo, o exercício 8k se tornaria

Exercício 8q:

Quando você chegar ao exercício 8n, você poderá estar se perguntando como alterar o acorde Em7 para acomodar a "13".

Assim como com o acorde E9, há alterações semelhantes que podem ser feitas ao acorde m7. Elas funcionam da mesma forma do movimento de E9 para E13.

A primeira é tocar um acorde Em13. Esse é um som comum nas músicas do Prince.

O acorde Em13 soa assim:

Exercício 8r:

Em13

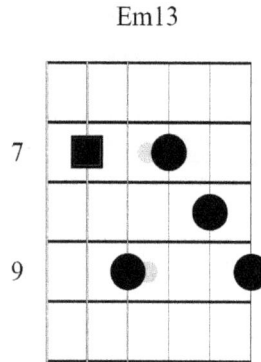

O círculo vazio indica que você deve manter a pestana pressionada. Use o seu dedo mínimo (4º) para alcançar a 9ª casa na 1ª corda.

Você pode experimentar com essa nota para adicionar uma sonoridade menor ao seu trabalho rítmico. Tente ir do acorde Em7 para o Em13 de quantos jeitos você conseguir. Pense em uma melodia a partir da voz mais alta do acorde.

Veja um exemplo simples.

Exercício 8s:

O acorde Em13 pode ser usado em conjunto com uma nova voz de acorde Em7, que é criada movendo o 4º dedo em direção à 10ª casa.

Exercício 8t:

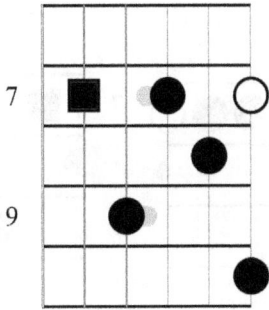

Ao combinar os três acordes anteriores, é possível criar linhas melódicas pela corda Mi mais aguda. Veja esse vamp de dois compassos.

Exercício 8u:

A lição aqui é sempre experimentar quando estiver tocando *qualquer* desenho de acorde. Se estiver com um dedo livre, explore as notas que conseguir alcançar. Se elas não soarem bem, não as toque novamente. Veja quantos riffs de funk você consegue criar ao combinar diferentes ritmos com melodias nas cordas altas.

Uma outra técnica comum com esse acorde Em7 é o hammer-on do E11 para o Em7. Essa decoração bem comum ao acorde m7 é usada o tempo todo no funk, no soul, no disco e na música pop.

O acorde E11 é tocado dessa forma; o círculo vazio é opcional.

Exercício 8v:

E9sus   Em7

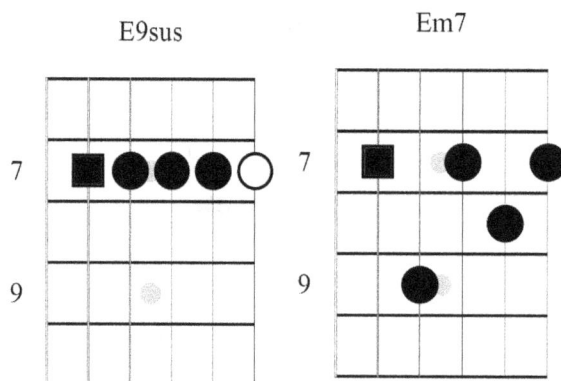

Pratique o hammer-on do E11 para o Em7.

Exercício 8w:

Aqui vão alguns exemplos musicais que usam esse movimento.

Exercício 8x:

Exercício 8y:

Observe o acorde Bm7 de pestana que vai de slide a um acorde Am7 no segundo compasso.

Bm7

Lembre-se de variar a palhetada entre as cordas graves e as cordas altas, para ajudar a música a respirar.

Nesse capítulo, nós abordamos várias técnicas que podem ser aplicadas de diversas formas a vários tipos de acordes.

- Deslizando do tempo para o contratempo
- Deslizando do contratempo para o tempo
- Slides de "grace notes"
- Encontrando melodias nas cordas altas com os dedos livres
- Fazendo hammer-ons para acordes inteiros, como Em11 e Em7

No próximo capítulo, nós exploraremos como aplicar essas técnicas para outros tipos de acordes, e veremos algumas progressões comuns.

Capítulo 9: Outros Embelezamentos de Acorde

Continuando com os conceitos introduzidos no capítulo anterior, nós agora exploraremos algumas adições comuns a outras vozes comuns de acordes de guitarra funk.

Vale muito a pena explorar as ideias deste capítulo de forma rítmica e melódica. Você ouvirá esses conceitos surgindo de tempos em tempos no funk, e ao passar algum tempo os explorando, você desenvolverá criatividade e espontaneidade que você poderá invocar nos palcos ou no estúdio.

Cada sugestão deve ser vista como apenas a ponta do iceberg. Pegue cada ideia e desenvolva tanto quanto puder. Use as ideias aqui para embelezar quaisquer progressões de acordes ou ritmos que você conhece, e pratique-as com faixas de apoio e com os seus amigos músicos.

Para começar, dê uma boa olhada no desenho de acorde menor com 7ª introduzido no exercício 8y.

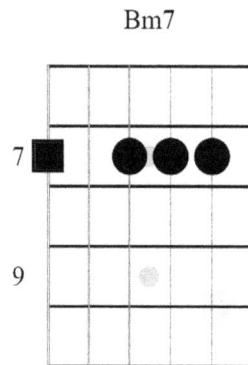

Bm7

Por ser um acorde com pestana, você pode transportar o desenho acima pelo braço da guitarra. Pratique as ideias a seguir em diferentes tons e posições.

Como essa voz de acorde não te dá nenhum dedo livre, é comum alterar essa digitação ou omitir a nota do baixo. Lembre-se que o guitarrista frequentemente tocará apenas as quatro cordas mais altas da guitarra para criar um som enérgico e agudo e deixar espaço para a linha de baixo. O funk é conduzido pelo baixo e pela bateria, e é importante sair do caminho desses instrumentos.

Se nós considerarmos que o baixista tocará riffs baseando-se na nota tônica do acorde, as vozes a seguir seriam boas opções ao acorde m7 anterior:

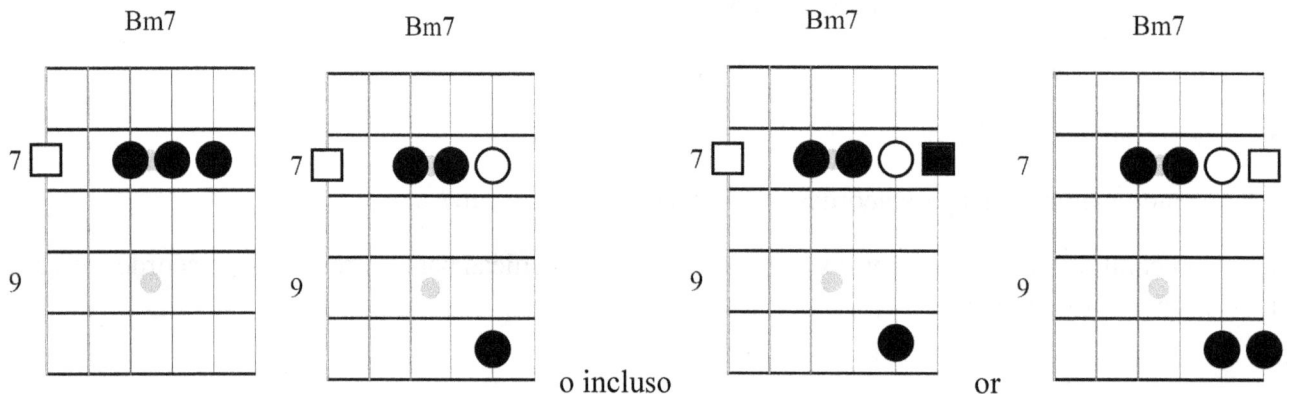

Bm7   Bm7   Bm7   Bm7

o incluso   or

Todas essas quatro digitações permitem que os dedos não utilizados criem melodias nas duas cordas mais agudas.

Uma variação comum dessas vozes é adicionar uma 9ª menor, destas formas:

Exercício 9a:

Bm9   Bm9

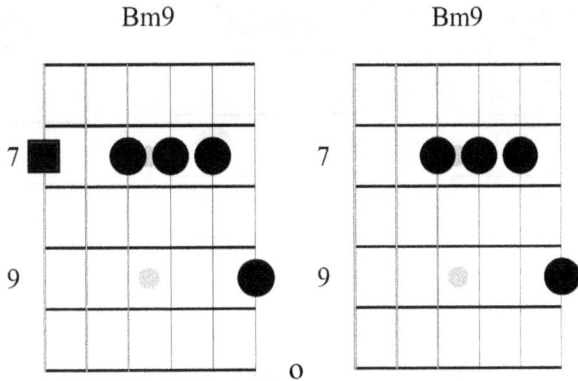

Ao mover o 4º dedo uma casa para cima, há outra voz de Bm7 disponível:

Exercício 9b:

Bm7

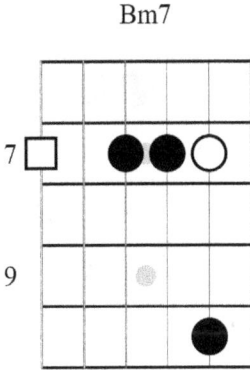

Tente combinar esses três acordes de um jeito semelhante às vozes de E9 do exercício 8u:

Exercício 9c:

Essa abordagem também pode ser aplicada à segunda corda.

Exercício 9d:

Bm7   Bm13   Bm7

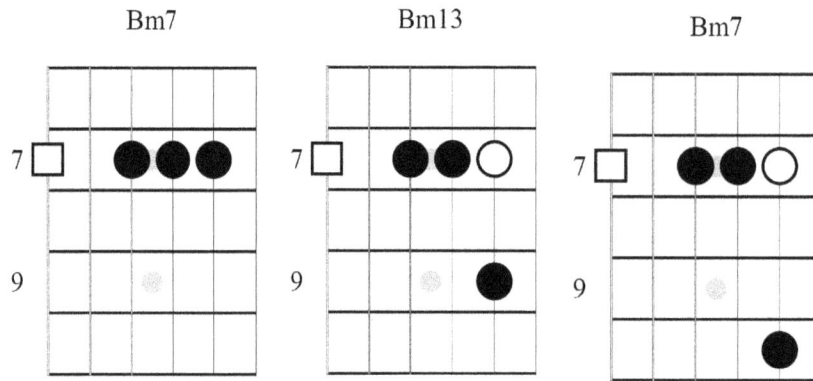

Esses acordes também podem ser tocados enquanto você pressiona a nota B na primeira corda:

Exercício 9e:

Bm7   Bm13   Bm7

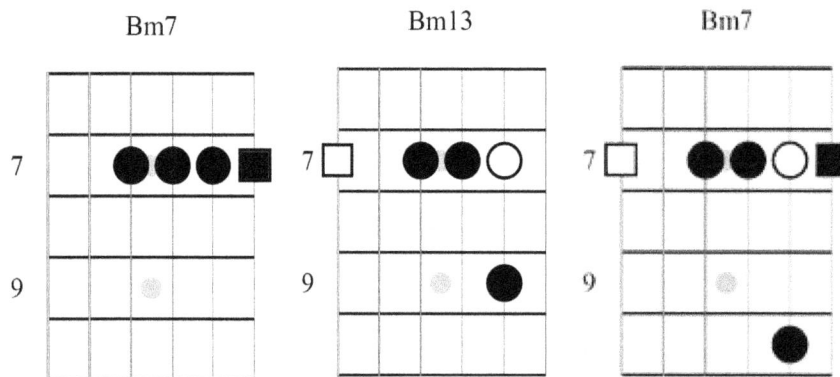

Repita o exercício 9c, mas dessa vez substitua com os acordes dos exemplos 9d ou 9e. Você também pode combinar esses seis acordes para dar um belo efeito.

Exercício 9f:

É divertido combinar essas extensões de acordes nas *duas* cordas altas, simultaneamente. É possível criar alguns sons bem funkeados desse jeito.

Aqui vão algumas combinações úteis:

Exercício 9g:

O exercício a seguir combina os fragmentos de acordes acima em uma frase musical. Observe como eu não toco todas as cordas o tempo todo.

Exercício 9h:

Praticar esse tipo de ideia pode lhe dar horas de diversão. Ouça atentamente ao exemplo de áudio e toque junto. Conforme você for ganhando confiança, troque para uma faixa de apoio e veja o quanto você pode improvisar com essas ideias.

No exercício anterior, não pense nos nomes dos diferentes acordes que você estiver tocando. Pense apenas "Bm7". Trabalhar com todas essas variações sobre um acorde estático nos ajuda a ficarmos criativos quando chega a hora de brilhar.

Troque entre acordes completos, slides, notas abafadas e todas as outras técnicas que já estudamos até aqui.

Combine esses acordes com os ritmos da parte um. Essas combinações são infinitas e irão lhe ajudar a desenvolver rapidamente o seu vocabulário rítmico de funk.

Um acorde comum no soul e na música disco é o acorde Maior com 7ª. Ele geralmente é tocado destas formas:

Exercício 9i:

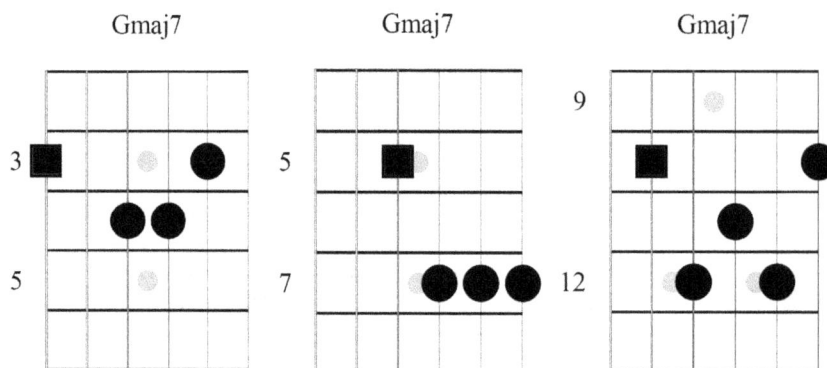

Enquanto todas as vozes de acorde acima podem ser embelezadas das formas descritas anteriormente, a terceira voz é digna de atenção especial.

Um embelezamento comum é o movimento do acorde Maior 9 para o Maior 7, usando as vozes a seguir:

Exercício 9j:

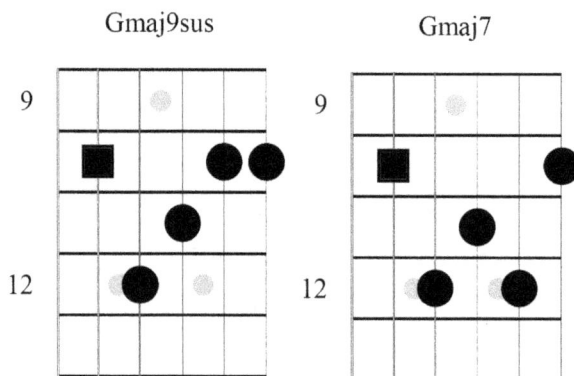

Geralmente, esse movimento é feito por um hammer-on com o 4º dedo.

Exercício 9k:

As vozes de acordes M7 no exercício 9i podem ser combinadas com uma progressão popular de funk e soul.

Exercício 9l:

O exercício anterior mostrou algo como uma versão "nua" do groove. Como sempre, preencha as lacunas com as técnicas de funk que você já estudou até aqui. Particularmente, fazer o slide para o acorde BMaj7 funciona muito bem.

Improvise e experimente até criar seus próprios grooves e ideias. Use progressões de acordes que você já sabe e coloque funk nelas. Use os ritmos da parte um para ajudá-lo.

Antes de prosseguir para técnicas ainda mais avançadas de acordes, aqui vão algumas progressões de funk que misturam funk, soul, disco e pop.

Exercício 9m:

Exercício 9n:

Novos desenhos de acordes para o exercício anterior.

Exercício 9o:

Capítulo 10: Vozes Avançadas de Acordes

Todas as progressões do capítulo anterior continham mais de um acorde. O funk, porém, consiste frequentemente de longos períodos de tempo nos quais a harmonia é baseada em um único acorde. Até agora, nós estudamos como fazer slides, embelezar e trabalhar ritmicamente com vamps de um único acorde. Neste capítulo nós discutiremos o conceito de usar diferentes *vozes* ou inversões do mesmo acorde para adicionar interesse e melodia.

Qualquer acorde consiste de um mínimo de três notas. Por exemplo, o acorde de Sol Maior (G) contém as noas Sol, Si e Ré.

Enquanto o baixista estiver tocando a nota Sol (ou ressaltando a tonalidade de Sol com um riff), nós sempre ouviremos as notas da tríade (G, B e D) como um Sol Maior.

O importante a ser percebido é que *não importa* onde essas notas estejam na guitarra.

Enquanto o baixista ou o tecladista estiver tocando uma harmonia em G, o ouvido irá perceber essas notas como um acorde de Sol Maior.

Todos os arranjos seguintes serão ouvidos como um acorde de Sol Maior.

Exercício 10a:

Esses tipos de estruturas de acordes são chamadas *inversões*. As mesmas notas são invertidas em ordens diferentes, mas todas elas soam como o mesmo acorde.

Inversões são úteis para nós, guitarristas rítmicos, quando precisamos fazer um vamp sobre um mesmo acorde durante um longo período de tempo. Para tornar a parte de guitarra rítmica mais interessante, nós podemos transitar entre diferentes inversões do acorde.

Ao nos movimentarmos pelas inversões, nós podemos controlar qual melodia é ouvida no topo da voz do acorde. Quando esse controle é combinado com todos os slides em acordes, embelezamentos e técnicas dos capítulos anteriores, nós passamos a ter muitas ferramentas à nossa disposição para tornar nossa música mais interessante.

Esse capítulo explora as inversões de tríades usadas para cada tipo comum de acorde, e te ensina alguns truques bem úteis e *substituições* que você pode usar para adicionar uma harmonia rica a essas estruturas simples (de três notas).

Embora as tríades maiores mostradas acima são provavelmente um pouco "resplandecentes" e "felizes" demais para a guitarra funk, elas serão úteis para grooves de soul, R&B e disco.

Comece com a faixa de apoio 13 e toque as várias vozes de acordes nas três cordas mais altas.

Exercício 10b:

Mesmo com uma faixa de apoio e uma linha de baixo, isso não fica muito funkeado, então agora nós vamos colocar algumas técnicas rítmicas dos capítulos anteriores.

Exercício 10c:

Embora isso ainda seja muito "brilhante" por conta do tom Maior, você pode começar a ouvir algumas das possibilidades que surgem ao tocar vamps de um acorde estático em inversões.

Como as tríades anteriores são todas Maiores, elas podem ser usados sobre *qualquer* tipo de acorde Maior. Tipos de acordes Maiores incluem os acordes:

Maior	Maior com 6ª	Maior com 7ª	Maior com 13ª
Dominante com 7ª (7)	Dominante com 9ª (9)	Dominante com 13ª (13)	

Essa tríade Maior pode não ser sempre a *melhor* escolha para o funk, mas sempre funcionária. Depois de trabalhar a seção a seguir, você terá muitas opções à disposição.

Tríades Dominantes

O som dominante (ou acorde "7", como em G7) é extremamente comum na música funk, embora seja normalmente tocado como um acorde dominante com 9ª (acorde "9"), como você já viu anteriormente.

É fácil ajustar essa tríade Maior para que contenha as notas corretas que impliquem em um som dominante.

O objetivo aqui não é ser um livro de teoria musical. Se tiver dificuldades com quaisquer conceitos das partes a seguir, por favor dê uma olhada neste dois livros meus: **The Practical Guide to Modern Music Theory for Guitarists** *e* **Guitar Chords in Context.** *Eles terão as respostas para quaisquer questões que você possa ter.*

A diferença entre uma tríade de Sol Maior e um acorde dominante de Sol é que o G7 contém uma nota b7 adicional. No tom de Sol, essa nota é Fá. Adicionar o Fá, porém, cria um acorde de quatro notas (G, B, D e F).

Como a nossa abordagem funk é no sentido de tocar apenas tríades, nós iremos ajustar essas tríades Maiores de três notas da página anterior para inserir o G7.

Como a linha de baixo estará tocando linhas fortes no tom de Sol, é irrelevante para nós guitarristas incluir a nota Sol em nossos acordes. Se retirarmos a nota Sol e abaixá-la um tom, rumo ao Fá, nós criamos algumas vozes úteis de tríades que irão sugerir um som dominante. As notas da tríade agora são B, D e F.

Exercício 10d:

Não se sinta obrigado a usar os desenhos que você achar desconfortáveis. Permanecer no groove e muito mais importante do que tentar dominar várias vozes diferentes de acordes.

Essas vozes dominantes são usadas na seguinte frase.

Exercício 10e:

Pratique isso com a faixa de apoio 10 e veja quantos jeitos rítmicos diferentes você consegue encontrar para tocar essas tríades. Experimente com tantas abordagens quanto você conseguir. Volte um pouco e trabalhe os ritmos dos capítulos 2 e 5 . Por exemplo, o ritmo do exercício 3p pode ser tocado desta forma:

Exercício 10f:

O segredo aqui é se divertir e experimentar.

Tríades Menores

Agora vamos passar para as tríades menores. Elas são tocadas com frequência no funk.

As tríades menores no tom de Sol podem ser tocadas da seguinte forma:

Exercício 10g:

O exemplo a seguir usa essas tríades de Gm em conjunto com slides e melodias nas cordas altas.

Essas são algumas inversões bastante comuns no funk, então se certifique de que você as conhece de trás para frente.

Para facilitar, você pode vê-las escritas como desenhos de acordes aqui:

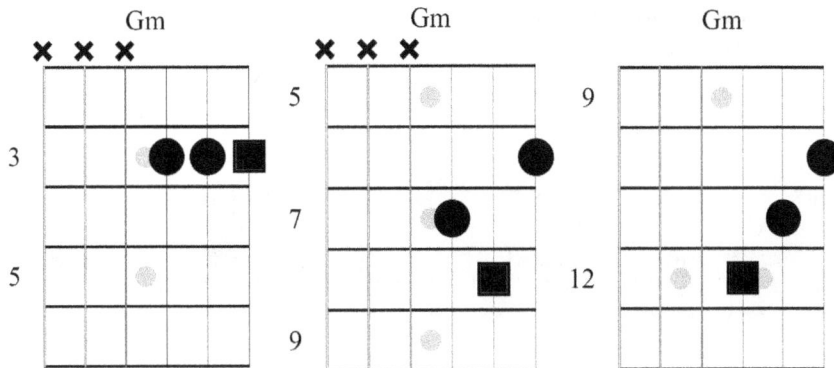

Exercício 10h:

O único limite para usar essas tríades musicalmente é a sua imaginação. Ouça atentamente a guitarristas como Nile Rodgers, Freddie Stone e Prince.

Nós voltaremos a essas tríades menores em breve quando olharmos as substituições, mas primeiro você precisa saber as tríades m7 e Maj7.

Tríades m7

Assim como nós movemos a nota tônica da tríade de Sol Maior um om abaixo para formar uma tríade G7, nós podemos mover a tônica de uma tríade de Sol Menor um tom abaixo para formar uma tríade Gm7.

Exercício 10i:

Toque esses acordes sobre uma linha de baixo em Sol, como a da faixa de apoio 10.

Uma coisa que pode ser um pouco confusa no começo é que essas tríades de Gm7 contêm as mesmas notas da tríade de Bb Maior. Você já viu esses desenhos em um tom diferente, no exercício 10b.

O importante aqui é perceber que esses acordes são *escutados* pelo ouvinte no contexto da linha de baixo. Se as tríades do exemplo 10i forem ouvidas sobre uma linha de baixo em Bb, então eles ouvirão Bb Maior. Se forem ouvidas sobre uma linha de baixo em Sol, eles ouvirão Gm7.

Apesar de isso parecer confuso, o fato de que apenas três notas podem sugerir duas (ou mais) tonalidades é bastante útil para nós. Acordes são substituídos por outros a todo o tempo, como você verá em breve.

Tríades Maj7

O tipo final de tríade é a tríade Maj7. Ela é formada ao abaixarmos a nota tônica da tríade Maior em um semitom.

Exercício 10j:

Mais uma vez, em um contexto diferente, essas tríades Gmaj7 podem ser vistas como tríades de Bm.

Pratique tocando as tríades dos exercícios 10i e 10j do mesmo jeito como as tríades Maiores e dominantes dos exercícios 10c e 10h.

Crie os seus próprios ritmos ou pegue emprestado dos primeiros capítulos deste livro. Toque essas tríades sobre uma forte linha de baixo em G para que você possa ouvir suas sonoridades únicas no contexto correto.

Não se esqueça de experimentar, inserindo notas melódicas nas cordas mais altas e fazendo slides para dentro e para fora dos acordes.

Até agora, esse capítulo mostrou como as notas de determinadas tríades podem ser comuns a diferentes acordes. Agora nós estudaremos algumas aplicações úteis desse conceito.

Dê uma olhada no acorde C9 a seguir. Observe, particularmente, as notas nas três cordas mais altas.

Compare essas notas com as notas da tríade de Gm que estudamos antes.

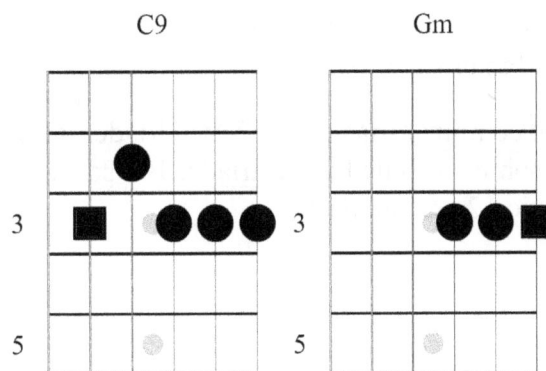

É fácil ver que o acode C9 contém todas as notas da tríade Gm. Portanto, é possível e eficiente tocar qualquer ideia da tríade Gm quando estiver improvisando sobre um groove em C9.

Tente a seguinte ideia, baseada na tríade de Gm, sobre a faixa de apoio 11; um vamp estático sobre C9.

Exercício 10k:

Agora você tem três diferentes vozes de acordes que poderá usar quando estiver tocando um ritmo de funk sobre um acorde C9. Transite entre essas ideias, inserindo notas melódicas na corda mais aguda e aplicando as técnicas de guitarra funk que você aprendeu aqui.

Você deve trabalhar buscando aplicar esses conceitos em todos os tons. Comece transpondo essa ideia para o tom de Mi, de modo que agora você esteja tocando sobre um acorde E9. Mi é um tom muito comum na guitarra funk.

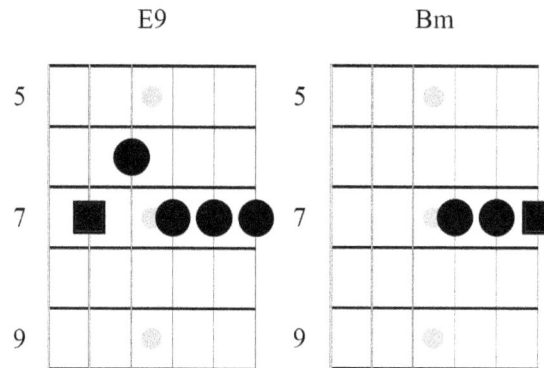

Qualquer tríade de Bm funciona sobre um acorde E9.

Para expandir suas opções, é ótimo combinar tríades de E7 com tríades de Bm para acessar alguns sons novos. Mexa-se entre a tríade (óbvia) E7 sobre o acorde E9 e as tríades Bm sobre o E9 para inserir cores interessantes à sua execução. Use a faixa de apoio 12 para ajudá-lo.

Exercício 10l:

Uma última ideia a ser dominada é que você pode subir a tríade Bm um tom inteiro para formar uma voz de E13. Não se preocupe muito com a teoria por trás dessa ideia, mas certifique-se de colocá-la na sua rotina de prática com os exercícios a seguir.

Veja estes três diagramas: Todos eles são mostrados juntos dos *intervalos* dos acordes.

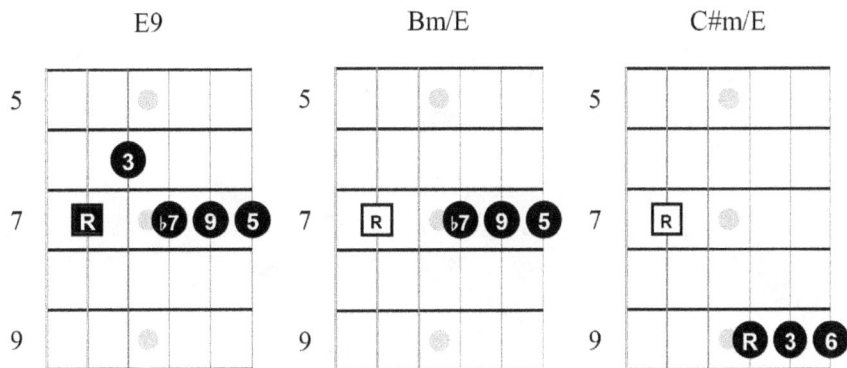

Como você pode perceber pelo 3º diagrama, quando a tríade Bm sobe um tom para se tornar um C#m, os intervalos tocados em relação à tônica E são 1, 3 e 13. Ao subir essa tríade um tom, um acorde E13 é criado.

Essa técnica funciona para cada uma das três tríades de Bm, e é uma ótima ferramenta musical para usar quando estiver tocando guitarra funk.

No exemplo a seguir, eu faço um slide de um tom a partir da tríade Bm para um C#m, sobre um fundo em E9.

Exercício 10m:

Muitas técnicas comuns de acordes de funk foram ensinadas nesse capítulo. Ainda há muitas, mas infelizmente não temos espaço neste livro para abordar todas elas.

O exemplo a seguir combina várias técnicas anteriores de acordes em um parte de guitarra rítmica funk com todo jeitão de soul.

Como sempre, experimente com o ritmo e traga o seu próprio fraseado à música.

Exercício 10n:

Há várias aplicações possíveis quando usamos tríades desse jeito; na verdade, um dia elas podem encher um livro inteiro sozinhas!

Meu conselho geral é que você tente encontrar as vozes de acordes nas três ou quarto cordas mais altas; se você precisar usar um acorde de pestana, tente mantê-lo depois da 7ª casa. A bateria e o baixo são essenciais no funk, então normalmente é importante usar as inversões nas cordas altas para ficar fora do caminho desses instrumentos.

Mais uma vez, eu sugiro que você dê uma olhada em outros livros meus: **Guitar Chords in Context**, **Jazz Chords in Context** e **The Practical Guide to Modern Music Theory for Guitarists**. Qualquer ideia desses livros pode ser aplicada em um ambiente funk.

No próximo capítulo deste livro nós aprenderemos outra abordagem à guitarra rítmica de funk. Ela se concentra em formar riffs e ritmos com frases de uma única nota.

Capítulo 11: Riffs de Notas Únicas

Ritmicamente, há pouca diferença entre usar frases de notas únicas ou acordes para construir um groove de funk. A chave para ambas as abordagens é permanecer no tempo e junto do groove.

A precisão rítmica é atingida praticando com faixas de apoio, baterias eletrônicas ou um metrônomo. Se você tiver bastante sorte, encontre um baixista e um baterista para improvisar as suas ideias.

A principal coisa a se lembrar quando estiver tocando frases com notas únicas, assim como quando você toca acordes, é que, para você ficar no tempo, a mão da palhetada deve estar se mexendo constantemente, para cima e para baixo, em semicolcheias.

Como você já sabe, há apenas dois eventos que podem ocorrer com a mão da palheta: acertar as cordas ou errar as cordas. Enquanto o movimento baixo-cima estiver consistente e no tempo, nós não precisaremos nos preocupar muito com isso. Na mão do braço da guitarra, há muitas outras opções disponíveis.

A maioria dos riffs de funk de notas únicas são criados usando notas da escala pentatônica menor. Outras escalas, como os modos Dórico e Mixolídio, também são usadas, mas os riffs de funk são, principalmente, pentatônicos.

Para pegar o jeito das coisas, comece praticando as permutações de semicolcheias dos capítulos anteriores, em uma única nota. Para recapitular, aqui vão algumas das principais possibilidades.

Use notas abafadas junto com a faixa de apoio 1 para garantir que você esteja confortável tocando todos esses grupamentos. Volte no capítulo 2 se tiver algum problema.

Agora, use apenas duas ou três notas da escala pentatônica menor de Mi e crie alguns riffs curtos com esses ritmos.

Em Pentatonic

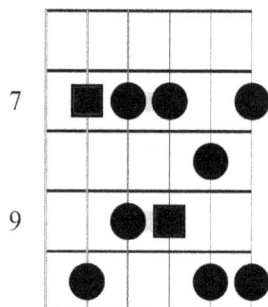

Lembre-se de manter a sua mão da palhetada sempre se movendo para cima e para baixo, em semicolcheias.

Exercício 11a:

Palhete com força para sentir as cordas resistindo à palheta. Além disso, experimente mudar a posição da palhetada junto à corda. Tente palhetar mais próximo da ponte, subindo lentamente pelo braço da guitarra. Você poderá encontrar um ponto ideal que fará o som da sua guitarra se destacar.

Tente o mesmo exercício novamente, mas, dessa vez, insira um semicolcheia abafada nas colcheias:

Exercício 11b:

Você pode ver que as notas pressionadas estão no mesmo lugar, mas o efeito rítmico é bem diferente.

A guitarra funk é cheia de sutilezas como essa, e elas só podem ser internalizadas com prática e treinamento.

Agora, com o mesmo riff, use um hammer-on ao invés de uma segunda palhetada. Mais uma vez, você notará uma inflexão ligeiramente distinta no groove.

Exercício 11c:

Para fazer um hammer-on forte, palhete a primeira nota (7) com força, e sem palhetar novamente, "martele" o terceiro dedo na 9ª casa. Tenha cuidado para que as notas tenham ritmo e volumes iguais. Ouça atentamente à faixa de áudio para ouvir como isso deve soar.

Se você precisar trabalhar a sua técnica, dê uma olhada no meu livro **Técnica Completa de Guitarra Moderna.**

Aqui vai um novo ritmo que nos permite combinar hammer-ons com pull-offs.

Comece esse exercício palhetando cada nota. Lembre-se de manter a sua palheta em movimento, mesmo nas notas mais longas.

Exercício 11d:

Tente tocar essa frase novamente, mas dessa vez adicione pull-offs sempre que a melodia descer na mesma corda.

Exercício 11e:

A seguir, tente usar um hammer-on para tocar as notas crescentes.

Exercício 11f:

Compare os exercícios 11d, 11e e 11f. A escolha quanto a usar o legato (hammer-on e pull-off) ou palhetadas faz uma grande diferença na sensação geral do riff.

Passe algum tempo improvisando com duas, três ou quatro notas da escala pentatônica menor. Toque frases bem curtas e alterne conscientemente entre palhetadas, hammer-ons e pull-offs. Você descobrirá que as linhas mais interessantes e sutis que você criar combinarão todas essas técnicas com ritmos precisos e únicos.

Um dos objetivos mais importantes para qualquer guitarrista é desenvolver liberdade rítmica. Isso significa desenvolver a habilidade de colocar cada nota *exatamente* onde você deseja dentro do compasso.

Um ótimo jeito de trabalhar os suas habilidades de posicionamento é se certificar de que você consegue começar uma frase em *qualquer* divisão de semicolcheia do compasso. As linhas a seguir irão lhe mostrar como trabalhar essa técnica essencial.

Nós já falamos sobre várias linhas que começam na primeira semicolcheia do compasso, então iremos começar esse estudo com uma que começa na segunda semicolcheia.

Exercício 11g:

Certifique-se de que a primeira nota que você toca nessa frase é articulada com uma palhetada para cima. Eu, deliberadamente, não terminei de preencher as direções das palhetadas, porque eu acredito que músicos diferentes articularão essa frase de jeitos diferentes.

Se estiver com dificuldades para isolar a segunda semicolcheia, o exercício a seguir irá te ajudar.

Exercício 11h:

O exercício anterior lhe permite se concentrar apenas em acertar a segunda semicolcheia do compasso com uma palhetada para cima. Lembre-se de manter a sua mão da palhetada se movendo constantemente em semicolcheias. Evite a primeira palhetada para baixo e conecte com a palhetada para cima subsequente. Esse exercício pode ser facilmente adaptado para qualquer semicolcheia do compasso.

As frases a seguir se iniciam na terceira semicolcheia.

Exercício 11i:

Se estiver com dificuldades para entrar na terceira semicolcheia, adapte o exercício 11h.

O exercício a seguir começa na quarta semicolcheia do compasso.

Exercício 11j:

Mais uma vez, se tiver qualquer dificuldade em começar essa frase na quarta semicolcheia, adapte o exercício 11h para você isolar essa subdivisão específica.

Pratique escrever linhas que comecem em todas as divisões de semicolcheias do compasso. Isso lhe dá um total de dezesseis possibilidades para escolher. Trabalhe metodicamente e se certifique de adquirir um bom senso de como cada posicionamento soa.

Não se esqueça de que você pode começar a sua linha *antes* do início da faixa de apoio. Por exemplo, aqui eu começo a linha na última semicolcheia da contagem de entrada.

Exercício 11k:

Pratique com a faixa de apoio 1 e passe tanto tempo quanto puder improvisando ideias que comecem nas diferentes divisões do compasso.

Você também deve tentar tocar ideias usando posições diferentes da escala pentatônica menor de Mi, como

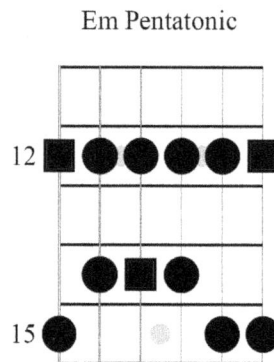

Em Pentatonic

Uma ótima aplicação para essa "primeira posição" da escala pentatônica é a facilidade para tocar double-stops.

Um double-stop é, simplesmente, duas notas sendo tocadas juntas no mesmo tempo, e double-stops são um recurso extremamente comum na guitarra funk.

Exercício 11l:

Cada par de notas é tocado com um dedo. Eu uso meus dedos 1 e 3. Tente dar a cada par de notas um leve bend, como você pode ouvir na faixa de áudio.

Os dois exercícios a seguir combinam linhas de notas únicas com double-stops.

Exercício 11m:

Exercício 11n:

Agora, vamos usar double-stops, acordes e linhas de notas únicas para criar uma parte rítmica complexa.

Observe a substituição da tríade de Bm sobre o acorde E9, criando um som E13.

Exercício 11o:

Exercício 11p:

Como você pode imaginar, as variações para esse tipo de ideia são praticamente infinitas. Você também poderá querer adicionar uma linha de baixo ao seu improviso. (Não faça isso se houver um baixista de verdade ensaiando com você. É um jeito fácil de perder amigos.)

Esse exercício final combina palhetadas, acordes e uma pequena linha de baixo.

Exercício 11q:

Explore ideias como essa utilizando diferentes posições da escala pentatônica menor. Certifique-se de trabalhar em tons diferentes e usar faixas de apoio com sensações diferentes.

Lembre-se que o mais importante não é as notas que você toca, mas a sensação e o posicionamento. A regra número 1 é tocar junto com o baixista e o baterista. Se estiver em dúvida, comece com palhetadas abafadas enquanto ouve o hi-hat, e construa a partir daí.

Capítulo 12: Antecipando Acordes, Metrônomos e Timbre

Este capítulo junta algumas pontas soltas que realmente não se encaixavam naturalmente em nenhum dos capítulos anteriores.

Antecipando Acordes

A primeira coisa a aprender é como "empurrar" uma troca de acordes através de uma única semicolcheia. No funk, ao invés de trocar de acordes diretamente no primeiro tempo de um novo compasso, é extremamente comum tocar um acorde uma semicolcheia antes.

Compare as passagens a seguir.

Exercício 12a:

Exercício 12b:

Como eu estou certo de que você consegue ouvir, o exercício 12b é bem mais funkeado do que o exercício 12a. Ao mover o acorde uma semicolcheia mais cedo e antecipar a mudança no ritmo, a guitarra rítmica fica muito mais interessante rapidamente.

Porém, pode ser um pouco difícil tocar esses acordes antecipados pela primeira vez. O segredo é preencher cada divisão de semicolcheia com uma palhetada abafada e se concentrar apenas em articular a última palhetada para cima do compasso.

Para praticar esse conceito de antecipação de acordes, trabalhe com um metrônomo a 60 bpm. Divida cada clique em quatro semicolcheias usando palhetadas abafadas e acentuando agressivamente a última palhetada para cima de cada compasso.

Quando estiver pronto, acentue um acorde ao invés de uma palhetada abafada na divisão final de cada compasso.

Por fim, insira os acordes no exercício anterior. Pode ser benéfico se você se gravar praticando exercícios como esses, para que você possa se ouvir mais tarde e ver se está indo bem.

Como um desafio final, e para se certificar de que você não está se apoiando demais nas palhetadas abafadas para se manter no tempo, tente removê-las e tocar apenas a última palhetada para cima de cada compasso.

Lembre-se de manter a sua mão da palhetada se movendo em semicolcheias durante todo o tempo, mesmo quando não estiver fazendo contato com a guitarra.

Exercício 12c:

Tente o exercício anterior com notas únicas e quaisquer progressões de acordes que você conheça. Essa ideia é um ótimo jeito de criar uma vibe instantânea de funk na sua guitarra rítmica. É um recurso extremamente comum na guitarra funk, e agora que você a conhece, vai ouvi-la todo o tempo.

Usando um Metrônomo

Usar um metrônomo enquanto você pratica é uma verdadeira arte. No funk, eu acredito que há três técnicas bastante benéficas a serem usadas.

1) Metrônomo clicando em cada tempo

2) Metrônomo clicando nos tempos 2 e 4

3) Metrônomo clicando no contratempo

O jeito mais comum usado por guitarristas é com o metrônomo clicando em todos os quatro tempos. Essa é uma parte muito importante, porque nos diz exatamente onde o tempo está. Em um groove simples de bateria, o bumbo soará nos tempos 1 e 3, e a caixa soará nos tempos 2 e 4.

Quando o metrônomo estiver *clicando no 2 e no 4,* ele está nos dizendo onde a caixa da bateria está. Em outras palavras, o músico precisa preencher mentalmente os tempos 1 e 3. Uma vez que o músico está tendo mais trabalho, isso o força a se concentrar mais no clique, o que melhora rapidamente o seu senso de tempo.

Ouvir o metrônomo nos tempos 2 e 4 será desafiador no começo.

Coloque o metrônomo na *metade* do tempo desejado. Se quiser tocar em 100 bpm, comece com o metrônomo em 50 bpm.

Conforme o toque do metrônomo, diga em voz alta "dois, quatro, dois quatro", e quando isso começar a fluir, insira "um" e "três" nas lacunas.

Com prática, você aprenderá a ouvir o clique do metrônomo no 2 e no 4.

Pratique inserindo palhetadas abafadas em semicolcheias enquanto sente o clique nos tempos 2 e 4.

Exercício 12d:

Gradualmente, comece a usar outros padrões de semicolcheias que você estudou, enquanto se certifica de estar certo com o clique nos tempos 2 e 4. Trabalhar dessa forma, você estará assumindo uma grande responsabilidade na hora de tocar no tempo. Ouça atentamente à sua execução e tenha certeza de que não está acelerando ou atrasando. Gravar-se tocando é uma boa ideia aqui.

Agora que você já está completamente confiante em se manter no tempo, você perceberá que o seu senso rítmico melhorou incrivelmente.

Para exercícios mais detalhados baseados nessa ideia, veja o meu livro **Técnica Completa de Guitarra Moderna.**

Um último uso para o metrônomo é ouvi-lo como se ele estivesse tocando em cada *contratempo*. Para fazer isso, ajuste o seu metrônomo no tempo desejado, mas bata os seus pés *entre* cada clique. O metrônomo agora está clicando em cada tempo "e".

Quando você conseguir sentir fortemente essa divisão, comece tocando palhetadas abafadas em semicolcheias mais uma vez.

Exercício 12e:

Ouça atentamente à segunda palhetada para baixo em cada tempo. Ela deve estar perfeitamente sincronizada com o clique.

Agora volte para os exercícios da parte 1 deste livro e toque-os com o metrônomo clicando no tempo "e" de cada compasso. No começo, pode ser fácil fazer essa mudança, de modo que você comece a ouvir o metrônomo no tempo novamente. Se isso acontecer, não se preocupe: basta dizer "e" em voz alta em cada clique e bater o seu pé em cada espaço. Com a prática, você conseguirá tocar ritmos bastante complexos enquanto "controla" o modo como o clique é percebido.

Há vários jeitos de praticar guitarra rítmica com um metrônomo, e quanto menos cliques você ouvir, mais trabalho você terá para internalizar um bom senso tempo.

Talvez você queira ajustar o metrônomo a 30 bpm, e colocá-lo para tocar apenas um tempo de cada compasso. Comece com o metrônomo clicando no tempo 1, então faça clicar no tempo 2, e daí em diante.

Talvez você também queira apenas um clique por compasso, mas soando em um tempo específico ("e"). Coloque o metrônomo em 30 bpm e aprenda a ouvi-lo como o tempo "e" da quarta batida. Essa divisão pode ser regular ou swingada.

Exercício 12f:

A regra é que, quanto menos o metrônomo esteja trabalhando, mais responsabilidade você estará assumindo pelo tempo. Praticar dessa forma desenvolverá largamente o seu relógio interno, tornando-o um guitarrista rítmico melhor.

Esses exercícios são desafiadores, então os aborde calma e gradualmente.

Trabalhar com faixas de apoio irá lhe ajudar a entrar no groove de outros músicos. Praticar com um metrônomo realmente irá lhe ajudar a assumir a responsabilidade pelo groove.

Ajustando o Timbre

Música e timbre, por suas naturezas, são subjetivos. Não há quaisquer regras sobre qual é o jeito "certo" de fazê-los. Com isso em mente, as sugestões a seguir são meros conselhos. São jeitos testados e experimentados de obter um timbre tradicional de funk.

Uma coisa que parece ser consenso entre guitarristas é que captadores *single-coil* são essenciais para conseguir o timbre certo. Stratocasters e Telecasters com captadores *single-coil* são escolhas muito comuns de guitarristas de funk. Jimmy Nolan usava uma Gibson ES-175 com captadores *single-coil* P90.

Nile Rodgers usa uma Stratocaster afetuosamente apelidada de "The Hitmaker". Estima-se que essa guitarra tenha feito músicas que arrecadaram mais de 2 bilhões de dólares.

Em uma Stratocaster, a seleção de captadores é essencial. É comum ver a chave de seleção de captadores nas posições 2 e 4, embora a posição 5 também seja usada para ativar o captador do braço, que possui um timbre ligeiramente mais suave. Experimentar é fundamental aqui, mas enquanto estiver usando *single-coils*, será difícil errar.

Use os controles de tom da sua guitarra. Se o seu timbre estiver particularmente brilhante, talvez você queira fechar um pouco o tom, mas não vá muito além do 7, para garantir que sua guitarra se destaque no palco.

Uma grande variedade de amplificadores tem sido usada para tocar funk, e não há nenhuma unanimidade aqui. Amplificadores Fender parecem ser alguns dos favoritos, principalmente os modelos Twin ou Princeton. Amplificadores Vox também podem trazer grandes resultados.

Geralmente, as configurações de amplificadores focam em mais agudos e menos graves. Lembre-se: no funk, a guitarra é comumente vista como um instrumento percussivo. Nós não queremos tomar muito espaço na mixagem.

Quando o assunto é efeito, um pedal de wah-wah é essencial. Ele pode ser usado como um filtro se você colocá-lo em uma posição fixa e não pisá-lo. Muitos guitarristas também terão algum tipo de compressor na cadeia de sinal, mas é importante usá-lo de uma forma sutil. Se o compressor estiver muito forte, ele poderá sugar o alcance dinâmico da sua guitarra.

Ao usar apenas um pouco de compressão, você se destacará na mixagem e ainda terá as nuances dinâmicas da sua guitarra. Normalmente, compressores devem ser ajustados de forma que você não possa ouvi-los; seu objetivo é aumentar os graves e evitar que os agudos causem qualquer inconsistência no seu volume. Se você exagerar no compressor, irá retirar toda o alcance dinâmico da sua guitarra, que soará unidimensional.

Seja lá qual equipamento você usar, a única regra é que você é parte de uma banda, e você deve moldar o seu timbre para *contribuir* com a música, e não impor a sua própria identidade. Encontre equilíbrio e seja colaborativo.

Conclusões

O funk é um gênero musical difícil de ser definido. Seu estilo rítmico transcende muitos gêneros diferentes, e encontraram seu caminho no hip hop, no soul, no rock, no pop e no disco. No coração do funk há a crença de que o todo é maior do que a soma das partes. Cada músico em uma banda traz alguma coisa à mesa, e ao combinar esses elementos, uma nova e viva entidade é criada.

Enquanto guitarristas, o nosso trabalho às vezes consiste em sentar no banco de trás e deixar a bateria, o baixo, os metais e os vocais brilharem. É bastante comum estarmos em uma banda apenas para fornecer frases repetitivas, bem fechadas com a seção rítmica. Apesar do papel coadjuvante, a guitarra é, por vezes, um dos elementos mais importantes na construção do groove. Ela oferece um contraponto rítmico e interesse à seção rítmica principal da bateria e do baixo.

Muitas músicas famosas foram escritas em torno de três ou quatro notas da guitarra. Você só precisa ouvir "Get On Up" (James Brown), para ver como algumas poucas notas podem ser poderosas. Elas podem movimentar uma geração, ou criar um gênero inteiramente novo. Não é coincidência o fato de James Brown ser um dos artistas mais sampleados do mundo.

O coração do funk está no ritmo bem tocado e firme no groove. A primeira parte deste livro deve ter desenvolvido cada habilidade técnica e rítmica importante para que você possa se tornar um excelente guitarristas de funk. O meu conselho ao trabalhar este livro é ser paciente... Pode ser que você não esteja tocando todos os acordes e cores que está ansioso para ouvir, mas se você passar algum tempo aprendendo a dominar esses ritmos, todos os riffs e acordes sairão de uma forma bem fácil.

As ideias harmônicas da segunda metade deste livro representam as áreas mais importantes a serem estudadas. Apesar de o funk ser harmonicamente estático, você pode criar bastante interesse na música usando as ideias de embelezamento e substituição mostradas aqui.

Pense na tonalidade da música como um guarda-chuva que abriga um amplo espectro de diferentes abordagens. Uma percepção que me ajudou enormemente a desenvolver a minha habilidade foi a de que eu poderia tratar a guitarra como um instrumento de sopro de três peças. Ao transpor fragmentos de acorde cromaticamente e fazer simples substituições, eu aprendi que era possível criar partes intrincadas que destacam e decoram a tonalidade da música.

O mais importante a se lembrar é que *nada* funcionará se você não estiver no groove. É muito melhor tocar palhetadas abafadas ritmicamente certo do que acordes simples fora do tempo. Imagine a sua guitarra como um instrumento de percussão e sempre mantenha os seus ouvidos nos demais membros da banda.

As linhas de guitarra funk são repetitivas. É uma característica importante desse gênero. Tocar o mesmo riff por cinco minutos pode parecer simples, mas na verdade esse tipo de execução exige muita energia e concentração do guitarrista.

Lembre-se, a pergunta era: "Você pode tocar um acorde E9 *a noite toda*?!" Você é responsável por trazer o interesse rítmico.

Eu te aconselho a ouvir muito funk, disco e soul quanto possível, e aprender a tocar *perfeitamente* junto dessas guitarras. Se você não conseguir identificar os acordes, apenas toque palhetadas abafadas. Aumente o volume da música e desligue sua guitarra. Toque até parecer que a sua guitarra está saindo dos falantes.

Ao praticar dessa forma, você internalizará rapidamente a sensação dos guitarristas que você admira. Entenda que o trabalho rítmico da primeira parte deste livro forma a base de *tudo* o que você ouve na guitarra funk.

A guitarra funk me ensinou que tocar guitarra rítmica não é chato. Se você achar chato, está fazendo errado. A sutileza e profundidade que a guitarra pode trazer a uma música funk é um estudo para a vida inteira.

O mais importante que você pode fazer é se divertir enquanto toca. Traga energia positiva e um ritmo firme à música e não haverá como errar.

Lembre-se, menos é mais.

Divirta-se,

Joseph

Socialize

Para centenas de aulas gratuitas de guitarra, visite **www.fundamental-changes.com**

Junte-se aos mais de 5500 guitarristas que recebem seis aulas gratuitas de guitarra todos os dias no Facebook:

www.facebook.com/FundamentalChangesInGuitar

Mantenha-se atualizado no Twitter

@Guitar_Joseph

Imagens de Capa © Can Stock Photo Inc. / WitthayaP

Álbuns Recomendados

Os artistas e álbuns a seguir representam uma pequena porcentagem de excelentes produções de música funk disponíveis por aí. Nessa lista, eu tentei incluir alguns dos álbuns que melhor definiram esse gênero, e que você deve conhecer. Se estiver em dúvida, muitos dos artistas listados abaixo e ao longo deste livro possuem coletâneas de "best of", que sempre são uma ótima introdução a qualquer estilo.

1999 - Prince

3+3 - The Isley Brothers

Ahh...the Name is Bootsy, Baby! - Bootsy's Rubber Band

Average White Band - AWB

Cameosis - Cameo

C'est Chic - Chic

Computer Games - George Clinton

Curtis - Curtis Mayfield

Faces - Earth, Wind and Fire

Fufillingness First Finale - Stevie Wonder

Game, Dames, and Guitar Thangs - Eddie Hazel

Go For Your Guns! - The Isley Brothers

Headhunters - Herbie Hancock

It's a New Day - James Brown

Let's take it to the Stage - Funkadelic

Live at the Apollo - James Brown

Live at the Apollo: Vol. 2 - James Brown

Live It Up - The Isley Brothers

Mothership Connection - Parliament

Off The Wall - Michael Jackson

Open Sesame - Kool and the Gang

Real People - Chic

Rejuvenation - The Meters

Sex Machine (Live) - James Brown

Songs in the Key of Life - Stevie Wonder

Standing On the Verge of Getting It on - Funkadelic

Stand - Sly and the Family Stone

Superfly - Curtis Mayfield

Talking Book - Stevie Wonder

The Greatest Hits – Earth, Wind and Fire

The Payback - James Brown

There's a Riot Goin' On - Sly and the Family Stone

Tower Of Power - Tower Of Power

Urban Dancefloor Guerillas - P-Funk All Stars

Zapp - Zapp